云过太空

张恨水 著

四川文艺出版社

图书在版编目（CIP）数据

云过太空 / 张恨水著. —— 成都：四川文艺出版社，2019.9
ISBN 978-7-5411-5098-2

Ⅰ.①云… Ⅱ.①张… Ⅲ.①张恨水（1895-1967）—回忆录 Ⅳ.①K825.6

中国版本图书馆CIP数据核字（2019）第124980号

YUNGUOTAIKONG
云过太空
张恨水　著

责任编辑	余　岚
封面设计	叶　茂
内文设计	史小燕
责任校对	文　诺
责任印制	喻　辉

出版发行	四川文艺出版社（成都市槐树街2号）
网　　址	www.scwys.com
电　　话	028-86259287（发行部）　028-86259303（编辑部）
传　　真	028-86259306
邮购地址	成都市槐树街2号四川文艺出版社邮购部　610031
排　　版	四川最近文化传播有限公司
印　　刷	四川机投印务有限公司
成品尺寸	145mm×210mm　开　本　32开
印　　张	7.75　字　数　80千
版　　次	2019年9月第一版　印　次　2019年9月第一次印刷
书　　号	ISBN 978-7-5411-5098-2
定　　价	38.00元

版权所有·侵权必究。如有质量问题，请与出版社联系更换。028-86259301

云过太空

目录

一　序言　　　　　　　　　1
二　我没有遇到好老师　　　6
三　跌进小说圈　　　　　　13
四　礼拜六派的胚子　　　　18
五　我的无名处女作　　　　23
六　躐等的进修　　　　　　27
七　第一次投稿　　　　　　31
八　第一部长篇　　　　　　34
九　失学之后　　　　　　　38
十　一节流浪小史　　　　　42
十一　写作出版之始　　　　48

十二	北京的初期	54
十三	新闻工作的苦力	59
十四	通讯文字收入甚丰	62
十五	关于《春明外史》（一）	65
十六	关于《春明外史》（二）	71
十七	关于《春明外史》（三）	77
十八	《金粉世家》的背景	81
十九	《金粉世家》的出路	85
二十	《啼笑因缘》的跃出	89
二十一	北平两部半书	94
二十二	《斯人记》	96
二十三	《春明新史》	98
二十四	世界书局的契约	100
二十五	加油	104
二十六	武侠小说的我见	110
二十七	忙的苦恼	116
二十八	《新闻报》的续约	121

二十九	《太平花》	123
三十	抗日的方向	125
三十一	《东北四连长》	128
三十二	《啼笑因缘》的尾巴	133
三十三	二次加油	136
三十四	西北行	140
三十五	西北回来	146
三十六	参加《立报》	150
三十七	办《南京人报》	153
三十八	被腰斩的一篇	159
三十九	在南京苦撑的一页	162
四十	入川第一篇小说	167
四十一	《游击队》	171
四十二	抗战小说	174
四十三	《八十一梦》	177
四十四	生活材料	180
四十五	茅屋风光	185

四十六	《上下古今谈》	191
四十七	散文	195
四十八	斗米千字运动	198
四十九	夜生活	204
五十	意外的救星	207
五十一	土纸书	210
五十二	榨出来的油	214
五十三	胜利后的作品	219
五十四	伪书	225
五十五	我死了	231
五十六	故事的利用	234

底稿·尾声　　　　　237

一　序言

我虽然是个很微末的人物，但我向来反对自传一类的文字。因为我看了不少的自传，除了那是些谎言，也无非是一篇广告。当我在重庆过五十岁的时候，朋友们让我作自传，我婉谢了。老友张友鸾以为不可，他以为我在文坛上，多少有点影响，对这点影响，不可没有一个交代。他以和我三十年知交之深，很兴奋地提起笔来,要作《张恨水论》。这篇论他打算从我三代的历史考起,小至于我写的一首小诗,都要谈谈,这心愿不可谓不宏。可是他只写了几千字,就搁笔了,因为他太忙。我自然是一笑了之,而觉得没有交代也好。

说话之间,又是四个年头。我是一切云过太空。最近,我辞去了报社的工作①,去年十二月十二日以后,我的生活忽然起了急遽的变化,失去了平常的生活秩序。我是个推磨的驴子,每日总得工作。除了生病或旅行,我没有工作,就比不吃饭都难受。我是个贱命,我不欢迎假期,我也不需要长时间的休息。辞去工作后,这时感到无聊,我那矛盾的心情,似乎是吃了一

---

① 指1948年12月12日辞去北平《新民报》工作。

碟四川的棒棒鸡，除了甜、咸、酸、辣、苦，什么滋味都有。我于是慢慢地长思了。

　　人生几十年光阴，像电影似的，一幕一幕地过去。中国人形容这个速度，是"白驹过隙"，其快可知。而我这时咸、酸、苦、辣的境地，也不过是白驹过隙中千万分之一秒，其实也可以稍稍地忍耐，让它过去。可是我又另有一个感想，我家乡安徽人说的话，今天脱了鞋和袜，不知明日穿不穿。这个"不知"目前是非常之明显。万一是明天不穿，趁着今天健康如牛，我是不是有些事要交代的呢？天下大事，轮不着我谈。家庭琐事，诗云："我躬不阅，遑恤我后？"我也犯不上去多那些事。只是一点：写了一辈子文字，得了同情者不少，恐怕神交之多，在普通社会里，我是够在六十分以上的了。对于这神交，我还愿结下一层更深的友谊。同时，也有人对我发生了不少的误解。举一个例：在东北和华北沦陷期间，伪造的张恨水小说，竟达四五十种之多。那里面不少是作孽的文字，把这罪过加在我身上，我太冤，我也应当辩白。于是我想到，我应当写一篇短短的文字，让孩子们抄写若干份，分寄我的好友，让他们分别为我保存。说乐观点，在我百年之后，从朋友手里拿出我的亲笔供状来，不失人家考张恨水的一点材料。我这样想，我就要办。而家人以为这是不祥之兆，反对我这样做。虽然说不祥的有些愚昧，然而总是好意，我也就算了。

前两天到报社①，和同人谈起，同人笑说这

---

① 指北平《新民报》。

很有趣，遗嘱式的文字，当然可以不必。不过你能对自己的写作，作一个总检讨，那还不失为有意思的事，索性你写详细一点，我们拿到报上来发表，若以留材料而论，没有比在报上发表以后可留的程度更深的。我始而考虑，这是不是违反我的素志来写自传？但同人再三的怂恿，我的意志也就动摇了，我答应改变自传方式写，作为向读者写个供状。这供状是不是撒谎？是不是自我宣传的广告？我没法子深辩，敬求读者先生的批判。文里除了必要，不提到我的生活和家庭，罗曼斯更无须提及。我只是写我由识字一直到现在。

二　我没有遇到好老师

谈我自己的写作，一定要谈我是怎样写起，就涉及我的读书经过了。我七岁整才入蒙学①，那时是前清光绪年间，当然念的是"三、百、千"②。我很好，念半年，就念了十三本书。你问这十三本书都是什么？我告诉你，全是《三

---

① 这里是按旧习惯，讲的是虚岁，实龄应是六岁。
② "三、百、千"即《三字经》《百家姓》《千字文》。

字经》。因为就是这样糊里糊涂的念私塾。念过《上下论》①，念过《孟子》。我除了会和同学查注解上的对子（两行之中，两个同样的字并排列着）而外，对书上什么都不理解。有一天，先生和较大的两个学生讲书，讲的是《孟子》齐人章。我很偶然的在一旁听下去，觉得这书也不很有味吗？这简直是个故事呀。于是我对书开始找到了一点缝隙，这是九岁多的事。地点是在江西景德镇，那时，我父亲在那里作点小事。

十岁，我在南昌。在一位父执②的家馆里念书。他有两个孩子念书，另带我和一个小孩子，四个学生，共请了一位安徽老夫子（同乡）教

---

① 《上下论》即《论语》上下两册。
② 父亲的挚友。

书。那时,有新书了。如《易字蒙求》《易字读本》之类,都带有图。我对这些带图的书,非常的感兴趣。先生并不曾和我们讲些什么,但看了这图,我可以略懂些书上的意义。后来我又转入一家较多的学生的私塾,有大半学生读《蒙字读本》。那书共二册,是浅近的文言,而且每课有图。我虽不读,同学读着我在旁边听着,每课都印入我的脑筋,让我了解许多事。至于我自己呢,却念的是《左传》,先生应了我父亲的要求,望文随解一遍,我实在是不懂。同时,先生又为我讲《二论引端》。这是用朱注和一些浅文,注解论语的书,但我还是不大懂。不过我另有个办法,同学念《论语》,带着白话解的,我借同学的看,我就懂了。

十一岁,我和父亲到江西新城县(现在的

黎川县）去，家里请了一位同乡端木先生，教我和我的弟弟，还有一位同乡子弟。正式开讲，我就了解所谓虚字眼了。但这并不是先生教的，还是由《四书白话解》那里看来的。这个时候，我自己有两个新发展：其一，是在由南昌到新城木船上，发现了一本《残唐演义》，我四叔正读着，把我吸引住了，我接过来看下去。我就开始读小说了。上学以后，我父亲桌上，有部洋装《红楼梦》，印得很美，我看过两页，不怎样注意。而端木先生却是个"三国"迷，他书桌上常摆一本《三国演义》。先生不来，我就偷着看，看得非常的有味。这书，帮助我长了不少的文字知识。其二，我莫名其妙地爱上了《千家诗》，要求先生教给我读诗。先生当然答应。但先生自己并不会作诗，除了教给我"山外青山楼外楼"就是"山外青山楼外楼"而外,并无一个字的讲解。但奇怪,我竟念得很有味,莫名其妙的有味。

十一岁半,我回到安徽潜山原籍,在本乡村里读书。这个读书的环境很好,是储姓宗祠附设的圣庙。庙门口一片广场,一棵大冬青树,高入云霄,半亩圆塘,围了庙墙。庙里只有三个神龛,其余便是大厅和三面长庑,围了个花台子。我和弟弟,靠墙和窗户设下书桌。窗外是塘,塘外是树,树外是平原和大山。因为我已读过《千家诗》,对我的读书帮助不少。但先生是个老童生,一脑子八股,同学全是放牛小孩,完全和我城市的同学异趣。也唯其如此,我成了铁中铮铮了。这时,我自己有一部更好的《四书白话解》,而且有精细的图。我在图上,看懂了乘是八马拖的战车,我又了解了井田是怎么个地形。抄他一句成语,"文思大进"。因此,半年之内,除了《礼记》,我把五经念完了。先生来了个"得天下英才而教育之,一乐也",要我作八股,居然逼得我作成了"起讲"。又要我作试律诗,这就吃不消了。一个虚岁十一岁的小孩子怎么会平对仄,红对绿呢?我被先生逼得无法可治,只有拿了一部诗韵死翻。就这样填鸭式的,在半年之内,我搞懂了平仄。而对《千家诗》,也更觉有味了。

这一些,可以说先生没教我,全是瞎猫碰死耗子,我胡乱碰上的。而我真正感到有味的,还是家藏的两部残本小说。一部是大字《三国演义》,一部是《希夷梦》(又名《海国春秋》)。另有一部《西厢记》,我却看不懂。后来,又看到一本残缺的《七国演义》,就是孙庞斗智的一幕,我也深深地印在脑筋里。不过,这时,我已懂得《左传》,也把它当故事看。直到现在,我还能记得《左传》上一些字句,可以说是那故事性的文字引动我的。

三　跌进小说圈

我在了解字义以前,是很不幸的,没有遇到过一个好先生。十三岁的时候,我又回到了江西,并随家回到了新淦县三湖镇。那个地方,是产橘子的地方,终年是满眼的绿树。一条赣江长时流着平缓而清亮的水,我家住在这平河绿树之中,对于我这个小文人,颇增加了不少的兴趣。父亲把我送到一个半经半蒙的私馆里读书（经馆是教授可以作文的学生。科举时代，得读九年经馆，才有能力去考秀才），所谓"出就外传"，我就住在学校里。这学校是家宗祠，橘林环绕，院子里大树参天，环境很好。先生姓萧，是个廪生，人相当的开通，对学生取放任主义，对我尤甚。我和三个同学，有一间屋子可读夜书。夜书只是念念古文，我非常的悠闲。同室有位管君，家里的小说很多，不断地带来看。我在两个月之内，看完了《西游》《封神》《列国》《水浒》《五虎平西南》。而我家里，上半部《红楼梦》，和一部《野叟曝言》，我一股脑儿，全给它看完了。这样，使我作文减少了错别字，并把虚字用得更灵活。六七月间，先生下省考拔贡，出了十道论文给我作，我就回家了。

父亲办事的地方，是万寿宫。我白天不回

家，在万寿宫的戏台侧面，要了一段看楼，自己扫抹桌子，布置了一间书房。上得楼去，叫人拔去了梯子，我用小铜炉焚好一炉香，就作起斗方小名士来。这个毒，是《聊斋》和《红楼梦》给我的。《野叟曝言》，也给了我一些影响。那时，我桌上就有一本残本《聊斋》，是套色木版精印的，批注很多，我在这批注上，懂了许多典故，又懂了许多形容笔法。例如形容一个很健美的女子，我知道"荷粉露垂，杏花烟润"，是绝好的笔法。我那书桌上，除了这部残本《聊斋》外，还有《唐诗别裁》《袁王纲鉴》《东莱博议》。上两部是我自选的，下两部是父亲要我看的。这几部书，看起来很简单，现在我仔细一想，简直就代表了我所取的文学路径。我在楼上干些什么勾当，父亲未加干涉，也很少同学找我。约莫是两个月工夫,我自己磨炼得仿《聊斋》仿《东莱博议》的笔法作文。当然,那是很幼稚的。因为用字的简练,甚至于不通。但先生出的十道论题,我全交卷了。尤其是一篇《管仲论》,交卷的时候,先生竟批改了,让父执传观。一个十三四岁的孩子,受不得这荣宠,因之引起了我的自满,自命为小才子。

这年冬,回到了南昌。父亲母亲回家乡了。留下我和弟妹,托亲戚照料。没人管我,我更妄为。我收拾了一间书房,把所有的钱,全买了小说读。第一件事,我就是把《红楼梦》读完。此外,我什么小说都读,不但读本文,而且读批注。这个习惯,倒是良好的。我在小说里,领悟了许多作文之法。十五岁的时候,家里请了一位徐先生教我,这先生是徐孺子后代,他们家传，是不应科举，不作官的。

先生很古板，没教会我什么。只是他那不考科举，不作官的作风，给了我一个很深的印象。我这时本已打进小说圈，专爱风流才子高人隐士的行为，先生又是个布衣，作了活榜样，因之我对于传统的读书作官说法，完全加以鄙笑，一直种下我终生潦倒的根苗。小说会给我这么一个概念，我很不理解。恐怕所有读小说的人，也很少会和我这样受到影响的吧？

四　礼拜六派①的胚子

十五岁的秋季,父亲因我的要求,允许我进了学堂,受新教育。因为我国文还可以,我插进大同小学三年级(毕业是四年,那时高小课程,约等于现在初中二年级)。校长周六平先生,是

---

①　出现于民国初年的文学流派,因以《礼拜六》周刊为主要阵地而得名。主张将文学当作消遣品,专写才子佳人的种种哀情、艳情、苦情的小说,属言情小说范畴。

个维新人物,他教书的时候,常常讥笑守旧分子,而且不时的叙述清政府的腐败。我,也就是他讥笑的一个。我受着很大的刺激,极力向新的路上走。于是我除了买小说,也买新书看。但这个时候的新书,能到内地去的,也无非是《经世文篇》《新议论策选》之类。我能找到一点新知识的,还是上海的报纸。由报纸上,我知道这世界不是四书五经上的世界,我也就另想到小说上那种风流才子不适宜于眼前的社会。我一跃而变为维新的少年了。但我的思想虽有变迁,我文学上的嗜好,却没有变更,我依然日夜读小说,我依然爱读风花雪月式的辞章。因我由《水浒》的圣叹外书上,知道《西厢》《庄子》,是他所鉴赏的书,我又跟着看《西厢》,看《庄子》。对于《庄子》,我只领略了较浅的《盗跖》《说剑》两篇；而对整个《西厢》，却有了文学上莫大的启发，在那上面，学会了许多腾挪闪跌的文法。

十六岁半，我考进了甲种农业学校（约等于现在的专科）。论我的年岁，是不足进那时的中学的。我冒报年岁为十九岁。我在学校里，看到同学都是二十多岁的人，我私心很自傲。但是这却让我自己害了自己。除了英文，勉强可以跟得上而外，其余代数、几何、三角、物理、化学，没有一项不赶得头脑发昏。因之，没有时间让我再去弄文学。只有假期的时候，可以看看小说而已。这时，我有两个新发现。第一，我读《儒林外史》，对于小说的描写，知道还有这样一种讽刺手法；跟着就读了《二十年目睹之怪现状》和《官场现形记》。第二，我偶然买了一本《小说月报》看,对于翻译的短篇小说,非常的欣赏,因之,我又继续看林译小说①。在这些译品上,我知道了许多的描写手法,尤其心理方面,这是中国小说所寡有的。这个时候,我读小说,已脱离了故事的消遣,而为文艺的欣赏了。因此,我另赏识了一部辞章小说《花月痕》。《花月痕》的故事,对我没有什么影响,而它上面的诗词小品,以至于小说回目,我却被陶醉了。由此,我更进一步读了些传奇,如《桃花扇》《燕子笺》《牡丹亭》《长生殿》之类。同时,我也读了四六体的《燕山外史》和古体文的《唐人说荟》。

这个阶段,我是两重人格。由于学校和新

---

① 清末、民初,流行于世的林纾(琴南)译的小说,通称为林译小说。

书给予我的启发,我是个革命青年,我已剪了辫子。由于我所读的小说和词典,引我成了个才子的崇拜者。这两种人格的溶化,可说是民国初年礼拜六派文人的典型,不过那时礼拜六派没有发生,我也没有写作。后来二十多岁到三十岁的时候,我的思想,不会脱离这个范畴,那完全是我自己拴的牛鼻子。虽然我没有正式作过礼拜六派的文章,也没有赶上那个集团。可是后来人家说我是礼拜六派文人,也并不算十分冤枉。因为我没有开始写作以前,我已造成了这样一个胚子。

五　我的无名处女作

十七岁上半年，我已经读了几百种小说了。在亲戚朋友的家庭中，没有人不知道我是个小说迷。我家里的弟弟们，和亲戚的小孩子们，有了空闲，就常常要我讲小说给他们听。我要卖弄我的腹笥，当然我也乐于接受他们的要求。他们所爱听的，不外是神怪和武侠一类的故事。关于这一类故事，我自然是俯拾即是。

可是我往往随便说着,自己就加了许多的穿插进去。而且我这穿插,总是博得他们赞许的。这增加了我的兴趣,我何不由我的意思,也来写一篇小说?青年人没有顾忌,也没有谁来干涉,我就开始写我第一部小说了。

这篇小说,是为弟妹们写的,当然我就写了他们最欢迎的武侠故事。这篇小说叫什么名字,我已经忘了,反正有个侠字罢。书里的主人翁是个十四岁的小孩,力大无穷,使两柄一百八十斤的铜锤,犹如玩弄弹丸一般。他开始的一幕也就是完结的一幕,是使两柄铜锤,在庄前打虎。当然,老虎被这小英雄征服了的。老虎完了,这小英雄也就完了。因为我写过小说,以后才发现:写了两三天,拿来给他们讲解时,不到一小时就完了。我自己感到这是一个供不应求的艰巨工作。我就停止没有向下写了。

我还记得，这个稿本，是竹纸小本，约有五寸见方，我用极不工整的蝇头小楷，向白纸上填塞。有时觉得文字叙述还不够劲，我特意在里面插上两幅图画。当然，我是个中学生了，多少能画几笔。所画的那位小英雄，是什么样子，我也印象不清了，只是那两柄铜锤，却夸张地画得特别大。总等于人体的二分之一。那只老虎，实在是不像，我拿给弟妹们看时，他们说像狗。这给予了我一个莫大的嘲笑，恰应了那个典——"画虎类犬"了。

在这年里，我得补叙一句的，就是那位教我八股的储先生，他也来到了南昌，教我弟妹们的书。他原是教过试律诗的。他说我有诗才，劝我作诗，他可以从旁指点。对于这，我欣然从命。但他不会写作古近体，只写得五言八韵的试律。于是介绍我读了几本试律诗集，并出了几个诗题我作。我慢慢地凑，居然可以完篇。我记得在"两个黄鹂鸣翠柳"一题里，我有这样十个字，"枝横长岸北，树影小桥西"。储先生给我打了密圈。后来我懂一点诗，觉得这根本不合题。但我初学作诗，确是这样胡乱堆砌的。这作风，大概维持了两三年之久。

六　躐等的进修

十八岁，我父亲提议，要我到日本去留学。但我好高骛远要到英国去。我并没有考虑到我还没有念过两册英文哩。在这个时候，我遭遇到了终身大悲剧，我父亲以三天的急病而去世了。那是民国元年秋季的事。我家完全靠我父亲手糊口吃，父亲一死，家里立刻就穷了。我母亲三十六岁居孀，下面还有五个弟妹，怎么得了呢？于是她带了我们子女，回老家潜山，靠薄田数亩过活。母亲手上没有积蓄，就再不能供给我的学费。这个打击，我实在难受，在乡下闷住了半年，只是看些旧书，又苦闷，又躁急，放下书本、整日满原野胡跑。我有一位从兄，那时在上海当小公务员，他写了一封信给我，叫我到上海去给我想办法。十九岁这年春天，我到了上海。这时中山先生办的蒙藏垦殖学校北移未成，设在苏州。校长是陈其美，正在招生。我因这学校与农业相近，就前去投考。考得很容易，除了一篇国文，只有两道代数，几个理化题目。榜发，我录取了。我对此事，高兴得不得了。因为我中学没毕业，我又跳进专门了。亲友们帮忙，凑些款，让我缴了学膳费，我就到苏州去读书。

垦殖学校，设在阊门外留园隔壁盛宣怀家祠里。房子又大又好，我宿舍窗外，就是花木扶疏的花园。隔壁留园的竹林，在游廊的白粉墙上，伸出绿影子来看人。这个读书环境，是我生平最好的待遇。不过我还是不幸，这学校经费不足，陈校长辞职了，换了个姓仇的代理。姓仇的在北京，校务根本没人负责，学校里常常停课。而我又是个穷学生，连买纸笔的钱都没有。我怀念我的亡父，我忧虑我一家妇孺，我更看到我前进学业的渺茫，我时常站在花园里发呆。这些愁苦无从发泄，我就一发之于诗。有时也填一两阕小令，词句无非是泪呀血呀穷病呀而已。有几个同学看到，颇为我同情，居然还结交了两个诗友呢。这里我得补叙一句的，就是在乡下半年，我自修作近体诗，并看看《白香词谱》一类的词书。

民国初年,中、大学生的国文程度,都是很好的。大概也就由于他们都念过私塾的缘故。有人说,那个时候,青年的国文很好,科学却是不行。其实也不尽然,现在许多名教授,不都是那时的学生吗?不过思想上不如现代青年那样进步,那却是事实。在垦殖学校里,我实在还没有幻想到吃小说饭,我依然是个科学信徒。不过有些同学劝我走文学这条路,并以垦殖学校前途黯淡,劝我早作良图。可是我穷得洗衣服钱都没有,我能作什么良图呢?

七　第一次投稿

由于我穷,我也就开始自找出路。我不是喜欢看《小说月报》吗?我每月总要节省两角钱,买一期《小说月报》看,在背页的广告上,月报有征求稿件的启事,并定了每千字三元。我很大胆的,要由这里试一试。那时学校里正因闹风潮而停课。我就在理化讲堂上,偷偷地作起应征的小说来。为什么偷偷地呢?就由于怕人家笑我不自量力。这理化讲堂,是一幢小洋楼,楼下是花圃,楼外是苏州名胜留园,风景很好。我一个人坐在玻璃窗下,低头猛写。偶然抬头,看到窗外竹木依依,远远送来一阵花香;好像象征了我的前途乐观,我就更兴奋地写。

在三日的工夫里,我写起了两个短篇,一篇是《旧新娘》,是文言的,约莫有三千字。一篇是《桃花劫》,是白话的,约四千字。前者说一对青年男女的婚姻笑史,是喜剧。后者写了个孀妇自杀,是悲剧。稿子写好了,我又悄悄地付邮,寄去商务印书馆《小说月报》编辑部。稿子寄出去了,我也就是寄出去了而已,并没有任何被选的幻想。因为我对《小说月报》的作者,一律认为是大文豪,我太渺小了,我怎能作挤进文豪队里的梦呢?

事有出于意外，四五天后，一个商务印书馆的信封，放在我寝室的桌上。我料着是退稿，悄悄地将它拆开。奇怪，里面没有稿子，是编者恽铁樵先生的回信。信上说，稿子很好，意思尤可钦佩，容缓选载。我这一喜，几乎发了狂了。我居然可以在大杂志上写稿，我的学问一定很不错呀！我终于忍不住这阵欢喜，告诉了要好的同学，而且和恽先生通过两回信。但是我那两篇稿子，一月又一月，一年又一年，直等恽先生交出《小说月报》给沈雁冰先生的那一年，共是十个年头，也没有露脸。换句话说，是丢下字纸篓了。

这是我第一次投稿，也是我第一次作品流产。

八　第一部长篇

垦殖学校既是自身多故，又有个政治背景，在民国二年讨袁之后，这个学校解散了，我没钱，不能作考第二个学校的打算，又回了老家。我已是真正的十九岁了。找职业，我太年轻，也无援引。务农，我没有力气，这也不是中途可以插班的。那么，就在家里待着吧。好在家里还有些旧书，老屋子空闲的又多。于是打扫了一间屋子,终日闷坐在那屋子里看线装书。

这屋子虽是饱经沧桑,现时还在,家乡人并已命名为"老书房"。这屋子四面是黄土砖墙,一部分糊过石灰,也多已剥落了。南面是个大直格子窗户。大部分将纸糊了,把祖父轿子上遗留下来的玻璃,正中嵌上一块,放进亮光。窗外是个小院子,满地青苔,墙上长些隐花植物瓦松,象征了屋子的年岁。而值得大书一笔的,就是这院子里,有一株老桂树。终年院子里绿荫荫的,颇足以点缀文思。这屋子里共有四五书箱书,除了经史子集各占若干卷,也有些科学书。我拥有一张赣州的广漆桌子,每日二十四小时,总有一半时间在窗下坐着。

我为什么形容这个黄土屋子如此详细呢?这在我家庭,是有点教育性的。直到现在,我的子侄们,对于这书房还有点圣地的感想。提起老书房,他们就不好意思不念书。也就由于我在这里自修自写,奠定了我毕生的职业。我看书之外,在这里就是写作了。这与其说是写作,不如说是脱闷。因为当时有些乡下人的眼光,是非常势利的。他们对我这一无所成的青年,非常之瞧不起,甚至当面加以嘲笑。我已说过,我中了才子佳人的毒,而又自负是革命青年,对于乡下人那种升官发财的勉励,我实在听不入耳。然而我又形单影只,抵敌不了众人的非难。因之我就借写作来解闷。在我书桌上,有好几个稿本,一本是诗集,一本是词集,还有若干本,却是我新写的长篇小说,《青衫泪》。在这个书名上,可以知道我写的是些什么。这书是白话章回体,除了苦闷的叙述和幻想的故事,却有不少诗词小品，我简直模仿《花月痕》的套子，每回里都插些辞章。

十九岁的青年，又没经过名师指点，懂得什么辞章？那个时候，我爱看《随园诗话》。诗重性灵，又讲率易。我幼稚万分，偶用几个典，也无非填海补天，耳熟能详的字句。把这种诗去学《花月痕》的作者魏子安，可说初生犊儿不怕虎。至于词，更是可笑。我除读过《白香词谱》而外，名人的词，没念过五十阕。这种讲声韵辞藻的东西，我怎么会弄得好？这部小说，我共写过十七回，也没有完卷。这是由于后来读书略有进益，觉得这小说太不够水准，自己加以放弃了。

这是我第一部长篇，未完成的"大杰作"。

九　失学之后

二十岁的春天,我又独自地到了南昌。因为那里还有一些亲友。青年人,不能闲散。我于是挪挪扯扯,找些款子,进了一个补习学校,补习英语。我的意思,当然还是想加深功课,去考大学。但只补习了半年,经济来源断绝,把学业放弃了。那是民国四年,九十月间,我因为有一位族兄和一位本家在汉口,搞文明新戏和小报,我冒着危险,借了一笔川资到汉口去。

我那位本家,在小报馆里当独角编辑。我去了,他倒是很欢迎,天天让我写些小稿子填空白。我寄寓在一家杂货店楼上,我和族兄住在一处,本也很无聊,天天到小报馆去混几小时,倒也无可无不可。但又有个意外,我那种小稿,居然有人看,有人说好,虽不得钱,却也聊以快意。本来在垦殖学校作诗的时候,我用了个奇怪的笔名,叫"愁花恨水生"。后来我读李后主的词,有"自是人生长恨水长东"之句,我就断章取义,只用了"恨水"两个字。当年在汉口小报上写稿子,就是这样署名的。用惯了,人家要我写东西,一定就得署名"恨水"。我的本名,反而因此湮没了。名字本来是人一个记号,我也就听其自然。直到现在,许多人对我的笔名,有种种的揣测,尤其是根据《红楼梦》,女人是水做的一说,揣测的最多,其实满不是那回事。

在汉口住了几个月,毫无成就,我族兄介绍我进文明进化团演戏。这是笑话,我怎么会演话剧呢?平生没想到这件事。但主持人李君磐先生,他倒不一定要我演戏,帮着弄点宣传品,写写说明书,也就让我在团里吃碗闲饭。于是我随这个进化团到湖南常德,又到沣县。在这团里久了,所谓近朱者赤,我居然可以登台票几回小生,我还演过《卖油郎独占花魁》的主角。事后想来,简直是胡闹。

二十一岁,夏季,我随进化团的人,一同到了上海。这时,有几个同乡的文字朋友,住在法租界,我就住在他们一处。那时的穷法,我不能形容,记得十月里,还没有穿夹袍子。其间我又害了一场病,脱了短夹袄,押点钱买中药吃。病好了,上海我就再也住不下去了。

十一节　流浪小史

二十一岁，冬季，我又回到了故乡。这次我下了决心，不再流浪了，又在老书房里自修下去，而我写作的兴趣，却不因之减少，也就是上面那话，拿来解闷。这时写小说，我改了方向，专写文言中篇。两个月内，我写成了两个中篇，一篇是《未婚妻》，一篇是《紫玉成烟》。这两篇都是文言的。我写好之后，也没有介意,就随便放在书箱里。同时,我作了一篇笔记,叫《楼窗零草》。此外的工夫,我都消磨在作近体诗里。

二十二岁的春天,因为我族兄在上海吃官司,我受了本家之托,到上海去为他奔走一切。那时我到苏州去了一趟,遇到了李君磐先生。他有意带个剧团到南昌去,叫我和他到南昌为之先容①。我利用了别人给我的川资,又流浪了几个月,一无所成。冬季还家。在这个时期里,我没有写什么东西,只写了一点不相干的游记而已。二十三岁的春天,友人郝耕仁,他看我穷愁潦倒,由他故乡石牌②,专门写信来约我一同出游。他是个老新闻记者,那时已三十岁了。他

---

① 为它宣传、介绍引进。
② 今潜山石牌镇。

作得一手好古文,诗也不错,并能写魏碑,我们可说是文字至交。而他又负性倜傥不羁,这点我们也说得来。于是我就应了他的约,在安庆会面,一同东下。

到了上海,郝君有两个朋友,要他到淮安去。但谋事的前途,并无把握。而郝君却是少年盛气,不顾那些。他在上海又借了点钱,尽其所有,全买了家庭常备药。我问他什么意思?他说要学学老残,一路卖药,一路买药,专走乡间小路,由淮河北上,入山东,达济南,再浪迹燕赵。我自然是少不更事,有他这样一个老大哥引路,还怕什么的,就依了他的主张,收拾了两小提箱药品,由镇江渡江,循大路北上。郝君少年中过秀才,又当过小公务员,入世的经验,自比我多。因之,我更不考虑前途的困巨。

一路行来，由仙女庙而邵伯镇。晚投旅店，郝君还是三块豆腐干，四两白酒，陶陶自乐。醉饱之余，踏月到运河堤上去，我们还临流赋诗呢。可是这晚来了个不幸的消息，前途有军事发生。店主人也是个斯文人出身，他看到我们不衫不履，情形尴尬，劝我们快回去。但是我们打算卖药作川资的，只有来的盘缠，却没去的路费，那怎么办呢？于是店主人介绍一家西药店，把我们带的成药，打折扣收买了。而且风声越来越紧，店主把我们当了祸水，只催我们走。次日傍晚，我们就搭了一只运鸭的木船前往湖口，以便天亮由那里搭小轮去上海。在这段旅程中，我毕生不能忘记，木船上鸡鸭屎腥臭难闻，蚊虫如雨。躲入船头里，又闷得透不出气，半夜到了一个小镇，投入草棚饭店，里面像船上统舱,全是睡铺。铺上的被子,在煤油灯下,看到其脏如抹布,那还罢了,被上竟有膏药。还没坐下呢,身上就来了好几个跳蚤。我实在受不了,和郝君站在店门外过夜。但是郝君毫不在乎,天亮了,他还在镇市上小茶馆里喝茶,要了四两白酒,一碗煮干丝,在会过酒账之后,我们身上,共总只有几十枚铜圆了。红日高升,小轮来到,郝君竟唱着谭派的《当锏卖马》,提了一个小包袱,含笑拉我上船。

这次旅行,我长了许多见识。而同时对郝君那乐天知命的态度,我极其钦佩。到了上海,我就写了一篇很沉痛而又幽默的长篇游记,叫《半途记》。可惜这篇稿子丢了,不然,倒是值得自己纪念的。在这次旅途中,我两人彼唱此和,作了不少诗。而和郝君的友谊,也更为加深。到了上海,我们在法租界住了几个月。我是靠郝君接济,郝君是靠朋友接济。我们在寓楼上,除了和朋友谈天,就是作诗。有时,我们也写点稿子,向报馆投了去。我们根本没打算要稿费,都是随时乱署名字,也没有留什么成绩。由此我已知道投稿入选,并非什么难事了。

十一　写作出版之始

　　上面这段流浪生活,我为什么写这样多呢?因为这和我的写作,是大有关系的。一来和郝君盘旋很久,练就了写快文章。二来他是个正式记者,经了这次旅行,大家收住野马的心,各入正途,我也就开始作新闻记者了。

　　我已不敢在上海过冬,上次几乎病死在上海,有了莫大的教训。在西风起,北雁南飞的日子,我就回故乡了。

这时,我更遭遇着乡人讥笑,以为我是一个绝对无用的青年。甚至有人说读书如读得像我一样,不如让孩子们看一辈子牛。我也不和乡人深辩,我倒是受了郝君的影响,致力古文。我家里有许多林译小说,都拿出来仔细研究一番。过了两个月,郝君也回来了。他写信告诉我,我写的那篇《未婚妻》,放在网篮里,没有带回,经朋友传观,十分赞美。有家无锡报馆①的编辑,把这稿子拿去了,有心约我去帮忙。同时,芜湖有家报馆②要他去当总编辑。但他开春要到广东去,愿意把职位让给我。我得了这消息,十分高兴,高兴得有一份职业还在其次,而

---

① 指《锡报》。
② 芜湖《皖江报》。

我写的小说,居然有被人专约的资格,这是我立的志愿有些前途了。于是我根据《未婚妻》那个中篇笔法,再写了一篇《未婚夫》。

苦闷地在家里度过残年,凑了三元川资,由家乡去芜湖。工作进行得很顺利,和报馆当事人一席谈话,就约定了我当总编辑,当时就搬进报社去住。当年内地的报纸,除了几条本埠新闻,完全是用剪刀。那家报馆剪材料的,另有专人,我的责任是两个短评,和编一版副刊。副刊本来也是剪报的。我自然不肯这样干。我自己新写了一个长篇,叫《南国相思谱》,完全是谈男女爱情的。

那时我才足二十四岁,这样的小说名字,我并没有感到过于艳丽。于今想起来倒有些言之赧然了。同时,我每日写一段小说闲评。另外我找了两个朋友的笔记，也放在副刊里连载。这个举动，在芜湖新闻界，竟是打破纪录的，于是也就引着有人投稿了。

居停的太太，喜欢着我写的小说，居停却赞美我的小说闲评。报社除供我膳宿之外，本来月给薪水八元，因为主人高兴，增加了百分之五十，加为十二元。我反正没有嗜好，这时又没有家庭负担，也就安居下去。

在芜湖住了两个月，觉得很闲。而箱子里只带了一部《词学全书》，一部《唐诗十种集》，又无书可看。于是我借了多余的工夫，再写小说。我先写了一个短篇，叫《真假宝玉》，是讽刺当年演《红楼梦》老戏的，试寄到上海《民国日报》去。去后数日，编者很快来信，表示欢迎。因之，我又写了一个中篇章回，叫《小说迷魂游地府记》。也投寄《民国日报》，他们连载了将近一月，竟引起上海文坛很大注意。这两篇都是白话体，前者约三千字，后者约一万字。后来这两篇小说，被姚民哀收到《小说之霸王》的集子里去了。把我的写作印在书本子里，这是第二次。第一次是民国五六年的事，那时天虚我生①编《新申报》的"新自由谈"，他曾征"秋蝶诗"，限用王渔阳秋柳原韵。我应征作了四首，录取了一部分，载在天虚我生的《苔岑录》里面。抗战时在重庆遇到陈先生，我还谈及此事，他觉得恍然隔世了。

当年写点东西，完全是少年人好虚荣。虽然很穷，我已知道靠稿费活不了命，所以起初

---

① 是当时"新自由谈"编者的笔名。

的稿子,根本不是由"利"字上着想得来。自己写的东西印在书上,别人看到,自己也看到,我这就很满足了。我费工夫,费纸笔,费邮票,我的目的,只是满足我的发表欲。

十二　北京的初期

这是民国八年，夏初，"五四"运动发生了。当然，我受着很大的刺激。就在这运动达最高潮之时，我因有点私事到上海去，亲眼看到了许多热烈的情形。因此我回到芜湖，那一颗野马尘埃的心，又颤动了。我想，我还不失求学的机会，我在芜湖这码头上住下去，什么意思呢？于是我一再地向社方请辞，要到北京去。

社方因我待遇低廉，不肯让我走，拖了两三个月。

我为什么要到北京去呢？因为有几个熟人，他们都进了北大。他们进北大，并非是考取的。那是先作旁听生，作过一年旁听生，经过相当的考验，就编为正式生了。这样一条捷径，我又何妨走走。自然我还是没有学杂费，但朋友们写信告诉我，可以来北京半工半读。在这年秋季，于是我把所有的行李当卖了，又在南京亲友那里借了十块钱，我就搭津浦车北上。到了北京，我是住在一位姓王的朋友那里，他是一个人住在会馆，而终日在黄寺办公，有时还不回来，就把他的房子让给我住，并给我介绍了一份职业,在一个驻京记者①办事处那里,帮同处理新闻材料。

一切都有了安定办法了。可是所得的工薪每月只一十元,仅仅够吃伙食的,我得另想办法。那时,成舍我君在《益世报》当编辑,他就介绍我到《益世报》当助理编辑,月给薪水三十元。说是助理编辑,其实是校对,我的职务,乃是看大样。后来看大样的又增加了一个人,工作减少了,月薪也减少了,减为二十五元,在驻京记者那里,工作时间,是上午九点到十二点,下午两点到六点。在《益世报》是晚间十时到天亮六时,我的休息时间,是那样的零碎而不集中,我的睡眠时间,也就是片断的几小时。这样,决不

---

① 驻京记者系秦墨哂,当时为《时事新报》拍发新闻电报。

让我有时间再去读书了。

这样有一年之久,《益世报》调我为天津版通讯员,薪水补足了三十元。同时,在驻京记者那里,薪水也增加到三十元,我的收入是加了。除了伙食,实在花费不了。于是我除了每月寄一部分款子回家而外,我又有钱买书了。这时,我对词,有了更深的嗜好,买的书,也以词类为多。工作之外,我在会馆里休息,把时间都浪费在填词上。不过在新文化运动勃兴之时,这种骸骨的迷恋,实在是不值得。于是我又转了个方向去消磨工余时间,进了商务印书馆的英文补习学校。

在工作那样忙碌的时候,我还要去自修英文,朋友们也都笑我是牛马精神。可是我也想着,我若不这样干,我形单影只地在北京,又怎么去安排我的时间呢?也就为此,我没有写较长的文稿。到北京来的初期,可以说我完全是机械地作着新闻工作。

十三　新闻工作的苦力

在北京的第二年,芜湖有家报馆①约我替他写篇小说。我就以当时安徽的自治运动,写了一个上八万字的长篇,叫作《皖江潮》。这部小说,特别地带着安徽地方色彩,在他省人看来,是会减少兴趣的。所以那篇小说能登在报

---

① 《皖江报》。

纸上也就算事,并无任何出版计划。但芜湖的学生,却利用了这小说里的故事,一度编为剧本,并曾公演。我的文字搬上舞台,这要算是初次了。

因为前两年,我在《民国日报》投稿的缘故,在通信上,我神交了几位文人。他们反正是离不开副刊和小报的,也就常有信来,约我写些散稿。可是当年上海那地方,除了几家大报馆,给稿费是没那回事。纵然特约你写稿子,那稿费也极其渺茫。那些朋友约我写稿,都曾出到两元钱一千字,其始,我也觉得不无小补,很努力地写了稿子寄去。而且化名是多多益善,以便一天刊出好几篇。然而我始终没有接到过什么稿费,至多是寄些邮票来,我也就兴味索然了。

不过在新闻工作上,我却是成日地忙。除了那个驻京记者办事处之外,我自己也担任了两份新闻专责。一份还是和天津《益世报》写通讯,一份是芜湖《工商日报》的驻京记者。由上午九点钟起,到下午五六点钟止,我少有空闲的工夫。由民国八年秋季起,到民国十年冬季止,我就这样忙下去。其间只是十一年的旧历年,我回了一趟芜湖,探访母亲,此外没有离开北京。因为我为了弟妹们念书,已托二弟把家眷送到芜湖住家了。我是个失学青年,我知道弟妹们若再失学,那是多大的痛苦,所以我把在北京得到的薪资,大部分汇到南方去,养活这个家;也唯其如此,我成了新闻工作的苦力,没有心情,也没有工夫,再去搞什么文学。

十四　通讯文字收入甚丰

十二年,我的新闻工作,格外加忙了。在一家通讯社当总编辑①,也就住在这通讯社里。那待遇是可笑的,每月只二十几元。我因为有房子住,有水电供应,所以乐于接受。不过谈起那时候的通讯社的组织,现在几乎令

---

① 即:北京《世界通讯社》。

人不相信。一个新闻机关,没有邮电的新闻来源,也没有外勤记者。除了社长在茶余酒后得来的道听途说的新闻而外,并无新闻稿子供给。请问,我这总编辑是怎样的当法呢?我没有那胆量天天造谣,我也不能把我所得的一点新闻,全部送给通讯社。我得了社方的谅解,只是找些内地各省来的报,改头换面,抄写几段。这自然是不忠实的。但绝对没有造谣,倒也问心无愧。干了几个月,我决计不再干这闭门造车的新闻,我就搬到我自己的会馆里去住。这会馆没有什么同乡,我一个人拥有两间小屋子,倒是很舒服的。

这两三年来,天天的新闻文字,要写好几千字,笔底下是写得很滑了。只要有材料,我可以把一篇通讯处理得很好,而且没有什么废话。于是我认识了几位名记者,上海的《申报》《新闻报》都约我写通讯。这两家报馆,对于北京通讯,极肯花钱,一经取录,每篇通讯十元。材料好,写上篇通讯,是不会费一小时以上的工夫的。我也为了人家的报酬丰厚,抱定不拆烂污主义,有材料才写,没有材料决不敷衍成篇。而且写的时候,将一篇文言,总写得它十分清楚流利。于是在"新""申"两报方面,信用都很好,写去的通讯,很少不登的。大概每月所得总在一二百元。那个时候的一二百元,是个相当引人羡慕的数目。至于我的署名,也不下七八个,现所记得的,就只有一个"随波"。

十五　关于《春明外史》（一）

在我生活转好的时候，我也很想减少我的工作，以便抽些工夫出来读书。可是我的家，已经由乡间转入城市，而弟妹们又都进了学校，我的负担，却逐渐地加重，自己考虑之下，工作还是减少不得。于是我到北京来读书的计划，经过三年的拖延，只得完全放弃。相反地，益发就钻进工作圈子，多作些事。这其间，我曾与成舍我君两度合作，一度是《今报》，一度是"联合通讯社"。但时间都不久，工作又停止了。最后，成君在手帕胡同办《世界晚报》，又约我和龚德柏君共同合作。起初，我们都是编新闻。副刊叫《夜光》，由余秋墨编辑。成君已知道我在南方很写过几篇小说，就要我给《夜光》写个长篇。这原是我最高兴作的事，我并没有要求任何条件，就答应了写。又由于民国初年，许多外史之类的小说，给我的印象很深，我就把我写的小说，定名为《春明外史》。

《春明外史》，本走的是《儒林外史》《官场现形记》这条路子。但我觉得这一类社会小说，犯了个共同的毛病，说完一事，又递入一事，缺乏骨干的组织。因之我写《春明外史》的起初，我就先安排下一个主角，并安排下几个陪客。这样，说些社会现象，又归到主角的故事，同时，也把主角的故事，发展到社会的现象上去。这样的写法，自然是比较吃力，不过这对读者，还有一个主角故事去摸索，趣味是浓厚些的。当然，所写的社会的现象，决不能是超现实的，若是超现实，就不是社会小说了。因之这篇稿子，在《世界晚报》发表以后，读者都还觉得很熟识，说的故事中人，也就如在眼前。而这篇小说也就天天有人看。

这给予我一个很大的鼓励，更用心地向下写。余秋墨君另有专职，"夜光"只编了一个月，就转交给我了。于是我编副刊兼写小说，把《世界晚报》的新闻编辑放弃。我虽入新闻界多年了，我还是偏好文艺方面，所以在《世界晚报》所负的责任，倒是我乐于接受的。加之晚报创刊之时,我和龚君,都是为兴趣合作而来,对于前途,有个光明的希望,根本也没谈什么待遇。后来吴范寰君加入,也是如此。

这与写作好像无关,其实关系很大,因为我们决不以伙计自视,而是要共同作出一番事业的,所以副刊文字和小说,都尽了自己能力去写。

《春明外史》除了材料为人所注意而外,另有一件事为人所喜于讨论的,就是小说回目的构制。因为我自小就是个弄辞章的人,对中国许多旧小说回目的随便安顿,向来就不同意。既到了我自己写小说,我一定要把它写得美善工整些。所以每回的回目,都很经一番研究。我自己削足适履的,定了好几个原则。一,两个回目,要能包括本回小说的最高潮。二,尽量的求其辞藻华丽。三，取的字句和典故，一定要是浑成的，如以"夕阳无限好"，对"高处不胜寒"之类。四，每回的回目，字数一样多，求其一律。五，下联必定以平声落韵。这样，每个回目的写出，倒是能博得读者推敲的。可是我自己就太苦了，往往两个回目，费去我一二小时的工夫，还安置不妥当。因为藻丽浑成都办到了，不见得能包括小说最高潮。不见得天造地设的就有一副对子。这完全是"包三寸金莲求好看"的念头；后来很不愿意向下做。不过创格在前，一时又收不回来。因之这个作风，我前后保持了十年之久。但回目作得最工整的，还是《春明外史》和《金粉世家》，其他小说，我就马虎一点了。在我放弃回目制以后，很多朋友反对，我解释我吃力不讨好的缘故，朋友也就笑而释之，谓不讨好云者，这种藻丽的回目,成为礼拜六派的口实。其实礼拜六派,多是散体文言小说,堆砌的辞藻,见于文内,而不在回目内。礼拜六派,也有作章回小说的,但他们的回目,也很随便,不过,我又何必本末倒置,在回目上去下功夫呢?

十六　关于《春明外史》（二）

《春明外史》写到十三回的时候，我就作了个结束，约莫是二十万字。为什么用奇数来结束呢？这也是我故意如此。人家说十三是个不祥的数目，我偏要这样试试。不过事后想来，那又何必？文字应该到哪里结束，就在哪里结束，拖长缩短，都没有道理。这十三回作完了，本来也可以不写的。但社会小说，像《官场现形记》似的,结束了再起楼阁,也并无所谓。而《春明外史》的主角,我又没将他的行为结束,续下去更不困难,所以我又跟着写二集。在写二集的时候,许多朋友怂恿我将第一集出版。二弟啸空,他并愿主持发行,于是我就筹了笔款子,把书印起来。那时,我并没有多大的指望,只印了一千多本,事有出于意料的,仅仅两个月就销完了。

《春明外史》发行之后,它的范围,不过北京、天津,而北京、天津就有了反应的批评。有人说,在"五四"运动之后,章回小说还可以叫座,这是奇迹。也有人说这是礼拜六派的余毒,应该予以扫除。但我对这些批评,除了予以注意,自行检讨外,并没有拿文字去回答。在"五四"运动之后,本来对于一切非新文艺、新形式的文字，完全予以否定了的。而章回小说，不论它的前因后果，以及它的内容如何，当时都是指为"鸳鸯蝴蝶派"。有些朋友很奇怪，我的思想，也并不太腐化，为什么甘心做"鸳鸯蝴蝶派"？而我对于这个派不派的问题，也没有加以回答。我想事实最为雄辩，还是让事实来答复这些吧！

在写《春明外史》二集的时候，《世界晚报》又出了日报。副刊"明珠"，归我编辑。社方又要我写个长篇。因为当时有一位姓张的朋友，他对于《斩鬼传》极力推崇，劝我作一篇《新斩鬼传》。我一时兴来，就这样作了。这篇小说，虽根据老《斩鬼传》而作，但《斩鬼传》的讽刺笔法，却有些欠含蓄，我也是如此。后来这个书出版过了，沦陷期间，被上海文人删改过，更是有些走辙了。

同时，我给北京《益世报》，也写了个长篇，叫《京尘幻影录》。这部书，完全是写北京官场情形的，开始我也很卖力的写，到了后来，很不容易拿着稿费，我就有些敷衍了事。但前前后后，也写了两年多，总有五十万字以上。这部书，我没有留底稿，也没有剪报。事后很想收回来重新修改，但已不能找补全份了。

这两个长篇，都是我写了《春明外史》，才被人约我写的，而我的全家，那时都到了北京，我的生活负担很重，老实说，写稿子完全为的是图利。已不是我早两年为发表欲而动笔了。所以没有什么利可图的话，就鼓不起我的写作兴趣。所以这两部小说，我都认为不够尺寸。不过我对《春明外史》，要保持已往的水准，却是不拆烂污。约是一年多的时间，又写完十三回。这算是第二集。第二集的主要人物，有许多未了的公案，我又不能不跟着写第三集。在写第三集的时候，那时是吴范寰君当经理，他合并一、二集，由社方出版，销行之后，以公平的办法，给予了我的版税。在这里我必须补叙几句的，就是这几年间，我始终在《世界日报》《世界晚报》供职，并曾一度任日报总编辑。有道是树大招风，对《春明外史》的批评，就比以前多了。当然有一部分是对该书加以欣赏的，而极力攻击的，也在所不免。但这里有一个意外的遇合，就是提倡新文艺的《晨报》，也约我给他们写个长篇。于是我为他们写了一篇《天上人间》。《天上人间》，我是用对比法写的，情、景、事我全用细腻的手法出之,自视是用心写的。因为《晨报》停刊,这篇小说没写完。后来无锡《锡报》转载,我又续了几回,中日战起,终于是不曾写完。直到去年,上海书商,还有约我写完的要求。事过境迁,我又太忙;这部书将来是否可以搞完篇,我自己还不能知道。不过以全书布局言,所差不过是十分之二三,搞完它,倒也并非艰巨工作。

十七　关于《春明外史》（三）

《春明外史》第三集写完的时候，大概是民国十八年，由十二年夏算起，共是七个年头，约莫是五整年多。全书告竣之后，《世界日报》又合并出版全集，共是三十九回。第一集约是二十万字弱，第二集约三十万字，第三集有三十多万字，合起来共九十多万字。回目是由第一到第三十九回，每回的回目，全是十八个字。后来我把这部书的版权卖给世界书局。根据历年人家的批评,将书里的错误加以修整,并把每回的字数,划分整齐,除了分集的办法,就是现在印行的这个样子。当然回目也都改了。回目文字的工整,因改得太仓促,不及原样,但包括文字里的高潮,却又更恰合些。

《春明外史》里的人物,后来有许多人索隐,也有人当面问我,某某是否影射着某人。其实小说这东西,究竟不是历史,它不必以斧敲钉,以钉入木,那样实实在在。《春明外史》的人物,不可讳言的,是当时社会上一群人影。但只是一群人影,决不是原班人马。这有个极好的证明。例如主角杨杏园这人,人家都说是我自写。可是书中的杨杏园死了,到现在我还健在。宇宙里没有死人能写自传的。

这部书，自是我一生的力作之一。但我自视，不能认为是我的代表作。第一，我的思想，时有变迁，至少我是个不肯和时代思潮脱节的人。《春明外史》主干人物，依然带着我少年时代的才子佳人习气，少有革命精神（有也很薄弱）。第二，以几个主干人物，穿插全书。我也不妄自菲薄，是费了一番心血的。但主角的故事，前后疏落在一百万言的书里，时隐时显，究非良好办法。第三，有些地方，欠诗人敦厚之旨。换言之，有若干处，是不必要的讽刺。第四，我太着重那一段的时间性。文字自不能无时间性，但过于着重时间性，可以减少文字影响读者的力量。

在《春明外史》全书写完之后，我已写了十年的长篇，在社会的人海里，多少激起一点溅沫。因此，约我写小说的人就加多起来。同时，我也结交了许多朋友。由这部书发展开来，引人注意之作，有两部书，一是《金粉世家》，一是《啼笑因缘》。为了读者容易清楚，还是用这节文字的传记体，而不走编年的路子。顺着次序，我先谈谈《金粉世家》，再谈关于《啼笑因缘》。

十八 《金粉世家》的背景

　　这是人人要问的,《金粉世家》,是指着当年北京豪门哪一家?"袁"?"唐"?"孙"?"梁"?全有些像,却又不全像。我曾干脆告诉人家,哪家也不是!哪家也是!可是到现在,还有人不肯信。但这些好事的诸公,都不能像对《春明外史》一样,加以索隐了。

　　我根据写《春明外史》的经验,知道以当

时人，运用当时社会背景写小说，要特别加以小心。写小说的人是信手拈来，并无好恶，而人家会疑心你是有意揭发隐私的。小说就是小说，何必去惹下文字以外的枝节。所以我所取《金粉世家》的背景，完全是空中楼阁。空中楼阁，怎么能作为背景呢？再换个譬喻，乃是取的蜃楼海市。蜃楼海市是个幻影，略有科学常识的人都知道，这虽然是幻影，但并不是海怪或神仙布下的疑阵，它是太阳摄取的真实城市山林的影子，而在海上反映出来。那和照相的原理，并无二致。明乎此，就知道《金粉世家》的背景，是间接取的事实之影，而不是直接取的事实。所以当时小说在报上发表的时候，许多富贵之家的人，尤其是妇女，都拿去看看。而他们并没有感觉到这说的是谁。老实说，这也就是写小说的一种技巧。我不敢说有"羚羊挂角，无迹可寻"的手腕，而布局之初，实在经过一番考虑的。

有人说，《金粉世家》是当时的《红楼梦》，这自是估价太高。我也没有那样狂妄，去拟这不朽之作。而取径也各有不同。《红楼梦》虽和许多人作传，而作者的重点，却是在几个主角。而我写《金粉世家》，却是把重点放在这个"家"上，主角只是作个全文贯穿的人物而已。就全文命意说，我知道没有对旧家庭采取革命的手腕。在冷清秋身上，虽可以找到一些奋斗精神之处，并不够热烈。这事在我当时为文的时候，我就考虑到的。但受着故事的限制，我没法写那种超现实的事。在《金粉世家》时代（假如有的话），那些男女，除了吃喝穿逛之外，你说他会具有现在青年的思想，那是不可想象的。

小说有两个境界，一种是叙述人生，一种是幻想人生。大概我的写作，总是取径于叙述人生的。固然，幻想人生，也不一定就是超现实，如《福尔摩斯侦探案》《鲁滨逊漂流记》之类，那是有事实铺叙的幻想，并不是架空而来，但写社会小说，偏重幻想，就会让人不相信，尤其是写眼前的社会。《金粉世家》，我是由蜃楼海市上写得它像真的，我就努力向这点发展。于是那里面的教育性，只是一些事情的劝说，而未能给书中人一条奋斗的出路，这是我太老实之处。也可以说，我写着这一二百人登场的大戏，筋疲力尽，已穷于指挥，更顾不到意识上的加重了。

十九 《金粉世家》的出路

《金粉世家》的重点,既然放在"家"上,登场人物的描写,就不能忽略哪一个人。而且人数众多,下笔也须提防性格和身份写得雷同。所以在整个小说布局之后,我列有一个人物表,不时的查阅表格,以免错误。同时,关于每个人物所发生的故事,也都极简单地注明在表格下。这是我写小说以来,第一次这样做的。起初,我也觉得有些麻烦。但写了若干回之后,自己就感到头绪纷如,不时地要去检阅旧稿,就迫得我不能不那样办。

全书的架子既然搭好,表格也填得清楚了,虽然这部书的字数,已超过一百万,但也未见得有什么难写。在我写完之后,对于书销行的估计,我以为是在《春明外史》之下的。可是这十几年的统计,《金粉世家》的销路,却远在《春明外史》以上。这并不是比《春明外史》写得好到哪里去,而是书里的故事轻松、热闹、伤感,使社会上的小市民层看了之后,颇感到亲近有味。尤其是妇女们,最爱看这类小说。我十几年来,经过东南、西南各省,知道人家常常提到这部书。在若干应酬场上,常有女士们把书中的故事见问。这让我增加了后悔,假使我当年在书里多写点奋斗有为的情节，不是给女士们也有些帮助吗？而在现在情形中，这书是免不了给人消闲的意味居多的。

《金粉世家》在报上发表的时候，我对于每回文字长短方面，没有加意经营。有时一回长过两万字，印起书来，就嫌着太长，而和那几千字一回的，也悬殊太甚。所以在全书付印的时候，我也是经过一回修剪整理的。有了这个教训，自后我在报上陆续发表长篇，就先顾全到了这一点，藉以免掉一番事后修理的功夫。一面工作，一面也就是学习。世间什么事都是这样。

把这些零碎交代过了，再总结几句。这书将来所得的批评如何，我不知道。若就这十几年的经过而论，它没有受到什么特别的奖许，也没有受到什么特别的指责。它唯一被人所研究的，就是这些人物影射的是谁？而在不声不响的情形下，这书的销行，在我的写作里，始终是刊于一级的。它始终在那生活稳定的人家，为男女老少所传看。有少年人看，也有老年人看，这是奇怪的。记得当年这书登在报上，弟妹们是逐日念给家慈听，也是数年如一日的。这一部长篇，它出现以后，出路是这样的。以我的生活环境不同，和我思想的变迁，加上笔路的修检，以后大概不会再写这样一部书。而这样的题材，自今以后的社会，也不会再有。国家虽灾乱连年，而社会倒是不断进步的。

二十　《啼笑因缘》的跃出

我在北方，虽有多年的写作，而在上海所发表的，却是很少很少。上海有上海一个写作圈子，平常是不容易突入的，我也没有在这上面注意。一个偶然的机会，民国十八年，上海的新闻记者团北上，我认识了一班朋友。友人钱芥尘先生，介绍我认识《新闻报》的严独鹤先生。他并在独鹤先生面前，极力推许我的小说。那时，

《上海画报》（三日刊）曾转载了我的《天上人间》，独鹤先生若对我有认识，也就是这篇小说而已。他倒是没有什么考虑，就约我写一篇，而且愿意带一部分稿子走。

我想，像《春明外史》这样的长篇，那是不适于一个初订契约的报纸的。于是我就想了这样一个并不太长的故事（明星公司拍电影，拍电影能拍出六集，这出于我始料）。稿子拿去了，并预付了一部分稿费。不过《新闻报》上正登着另一个长篇，还没有结束。直等了五个月，《啼笑因缘》才开始在上海发表。在那几年间，上海洋场章回小说，走着两条路子，一条是肉感的，一条是武侠而神怪的。《啼笑因缘》，完全和这两种不同。又除了新文艺外，那些长篇运用的对话，并不是纯粹白话。而《啼笑因缘》

是以国语姿态出现的,这也不同。在这小说发表起初的几天,有人看了很觉眼生,也有人觉得描写过于琐碎。但并没有人主张不向下看。载过两回之后,所有读《新闻报》的人,都感到了兴趣,独鹤先生特意写信告诉我,请我加油。不过报社方面根据一贯的作风,怕我这里面没有豪侠人物,会对读者减少吸引力,再三地请我写两位侠客。我对于技击这类事,本来也有祖传的家话(我祖父和父亲,都有极高的技击能力),但我自己不懂,而且也觉得是当时一种滥调,我只是勉强地将关寿峰、关秀姑两人,写了一些近乎传说的武侠行动。我觉得这并不过分神奇。但后来批评《啼笑因缘》的,就指着这些描写不现实,并认为我决不会和关寿峰这类人接触。当然,我不会和这类人接触。

但若根据传说,我已经极力减少技击家的神奇性了。

在此之外,对于该书的批评,有的认为还是章回旧套,还是加以否定。有的认为章回小说到这里有些变了,还可以注意。大致地说,主张文艺革新的人,对此还认为不值一笑。温和一点的人,对该书只是就文论文,褒贬都有。至于爱好章回小说的人,自是予以同情的多。但不管怎么样,这书惹起了文坛上很大的注意,那却是事实。并有人说,如果《啼笑因缘》可以存在,那是被扬弃了的章回小说,又要返魂。我真没有料到这书会引起这样大的反应。当然我还是一贯地保持缄默。我认为被批评者自己去打笔墨官司,会失掉"有则改之,无则加勉"的精神,而徒然扰乱了是非。不过这些批评,无论好坏,全给该书作了义务广告。《啼笑因缘》的销数,直到现在,还超过我其他作品的销数。除了国内、南洋各处私人盗印翻版的不算,我所能估计的,该书前后已超过二十版。第一版是一万部,第二版是一万五千部。以后各版有四五千部的,也有两三千部的。因为书销得这样多,所以人家说起张恨水,就联想到《啼笑因缘》。

二十一　北平两部半书

《啼笑因缘》在《新闻报》发表,是由十八年到十九年。在这期间,我在北方,还有其他的写作。始而为《新晨报》写了一篇《满城风雨》,那是对于内战,加以非议的。书完了篇,后来由上海一家书局,将版权买去了。同时给《朝报》写了篇《鸡犬神仙》,因为该报不久改组,我也就中止了。倒是另有个小玩意，后来也出了版，这却非我所料及。就是那个时候，真光电影院的文书股人，是我的朋友，他们出有一种宣传品的画报，拉我写篇小说。我就每期给他们凑写几千字，聊以塞责，书名是《银汉双星》。大概写完是十回，写完了也就完了。不知怎么落在上海书商手里，也就出了版。后来有人说，这书也是伪的，这个我倒不能不承认出自我手。

二十二 《斯人记》

在写《啼笑因缘》的时候,《春明外史》,完全在《世界晚报》发表完了,报馆方面,要我再写一部类似《春明外史》的东西。当然,这种题材,在北平是不难找到的。我当年又年富力强,也并不感烦腻。老实一句话,写的时候,无论拿到多少稿费,写完了我可以拿去出版,就是一笔收入。我完全看在收入上,又给《世界晚报》写了一篇《斯人记》。

《斯人记》云者,是根据"冠盖满京华,斯人独憔悴"的意思下笔的。这书里以两个不能追随时代的男女为主角。他们都是爱好文艺者,却因为思想上不能彻底,陷于苦闷的环境中。书也就以苦闷来结束。在全书里,枝枝叶叶,仍然涉及北京的社会。但这里和《春明外史》有些不同的,就是所涉及的角色,他们大致得着婚姻圆满的结果,以反映主角的无结果。书共是二十回。写完后,并没有如我预期出版,直到民国二十五年,才由《南京人报》出版,那个《南京人报》,就是我拿稿费办的。容后文再说。《斯人记》想不出什么特色。只有一点,我写的楔子,是个南曲散套。于今想起来,虽出于游戏,未免开倒车了。

二十三 《春明新史》

在民国十九年的岁首,我到东北去游历一次。事先,沈阳出版了一张《新民晚报》。主持的人,全是我的朋友。他们要我写一篇《春明新史》。我觉得《春明外史》这一类小说,一再地向下续去,实在没有意思,没有答应写。但朋友不得我的同意,却发出了预告。我因情不可却,只好答应写。

《春明新史》的写法，自然和《春明外史》一样。但我对这书，自始就不感到兴趣，并没有像《春明外史》那样，有个预定的计划，去安置些主干人物。随意想，随意写。也许读者在故事里看到些很有趣的描写，然而我并没有费多大的精力，虽不致于敷衍成篇，我并没有对它寄予多大的希望。但我到底还是把它写完了，也是二十回。后来这书有上海某家小报转载，干脆我就把版权卖给他们了。不久，也就出了书。

我当时也曾和上海书商说过，我的写作，应该让我自行检讨、订正，这样胡乱出书，那是不好的。而他们的答复也妙，他们说，用不着订正，你的小说，总会够水准的。其实，他们心里的话，并不是如此，乃是印出去，可以卖一笔钱就行。

二十四　世界书局的契约

这件事,是文坛上的谈话资料,小报上有人形容得神话化,说我在十几分钟内,收到了几万元稿费。跟着就向下说,我拿这钱,在北平买下了一所王府,自备了一部汽车。这简直是梦呓。中国卖文为活的人,永远不会有这样的故事发生。过去如此,将来亦无不然。故事是这样的:

这年秋天，我到了上海，小报上自有一番热闹。世界书局的赵苕狂先生，他约我和世界书局的总经理沈知方谈谈。我当然乐于访晤。第一次见于世界书局工厂，约有半小时的谈话。他问我还有什么稿子可以出售的。我就告诉了他《春明外史》和《金粉世家》。而《金粉世家》，那时还有一小部分没有写完呢。他说，你这是出过版的，登过报的，不能照新写的作品算，愿意卖的话，可以出四元千字。我说，容我考量。第二次，沈君请我到"丽查"饭店吃饭，约苕狂君作陪。极力劝我把两部书卖了。据我估计，两书各有一百万字。沈君愿意一次把《春明外史》的稿费付清。条件是我把北平的纸型交给他销毁。《金粉世家》的稿费分四次付，每接到我全部的四分之一的稿子，就交我一千元。我也答应了。同时，他又约我给世界书局专写四部小说，每三月交出一部。字数约是十万以上，二十万以下。稿费是每千字八元。出书不再付版税。当时我以家庭里有几笔较大的费用，马上有一笔完整的收入，与我的家庭，有莫大的好处，我也就即席答应了。问题的确解决得很快，连吃饭带谈天，不到两小时。至于十分钟成交，不但沈君一位大经理，不能那样荒唐，我也不能如此冒昧呀。

次日，赵苕狂君代送了合同来，让我签字，交出四千元支票一张。这就是小报上说我买王府的那笔款子。契约以外，赵君又约我给《红玫瑰》杂志，写一个长篇。《红玫瑰》也是世界书局出的半月刊，就由赵君主编。为了尊重介绍人，当然我也就答应了。以后我给《红玫瑰》写的是《别有天地》,是篇讽刺小说。而给世界书局的小说,我只交卷了三篇,而且拖了一年多。那三篇小说是《满江红》《落霞孤鹜》《美人恩》。上两部各三十二回,后一部二十四回。他们的稿费,倒是按约付给我的。因为我交稿子延期,稿费自然也延期,所谓数万元的巨大稿费,其实不过一万数千元,而且前后拉长了两年的日子,谈不上发财。不过在当年卖文为活的遭遇说起来,我这笔收入,实在是少有的。

二十五　加油

我由上海回来,手上大概有六七千元,的确不算少。若把那时候的现洋,折合现在的金圆券①,我不讳言,那是个惊人的数目。但是当年,似乎也没有什么了不起。不过这笔钱对我的帮助,还是很大的。我把弟妹们的婚嫁教育

---

① 一九四九年前国民政府发行的一种纸币。

问题，解决了一部分，寒家连年所差的衣服家具，也都解决了。这在精神上，对我的写作是有益的。我虽没有作癞蛤蟆去吃天鹅肉，而想买一所王府，但我租到了一所庭院曲折，比较宽大的房子，我自己就有两间书房，而我的消遣费，也有了着落了。

听戏，看电影，吃小馆子，当年是和朋友们同俱此好的，倒不等这笔钱来办。我所说的消遣，是以下三件事：一，收买旧书，尤其是中国的旧小说。二，收买小件假古董。怎么会是假古董呢？这个我和古董专家异趣。我以为反正是玩物丧志，玩真古董，几十几百买一样，是摆在那里看的，花个两三元，也是摆在那里看看，这有什么分别。而且买真的也未必不假。三，是我跑花儿厂子，四季买点好花。除了买书颇是一个不菲的开支,其余倒也无所谓。这时,我可以说是心广体胖,可以专门写作了。

这是民国二十年吧?我坐在一间特别的工作室里,两面全是花木扶疏的小院包围着。大概自上午九点多钟起,我开始写,直到下午六七点钟,才放下笔去。吃过晚饭,有时看场电影,否则又继续地写,直写到晚上十二点钟。我又不能光写而不加油,因之,登床以后,我又必拥被看一两点钟书。看的书很拉杂,文艺的,哲学的,社会科学的,我都翻翻。还有几本长期定的杂志,也都看看。我所以不被时代抛得太远,就是这点加油的工作不错,否则我永远落在民十①以前的文艺思想圈子里,就不能不如朱庆余

---

① 指一九二一年以前。

发问的话,"画眉深浅入时无"了。

我的英文,始终是为了忙,而不能耐心去自修。有时拿到一本英文杂志,意识到里面有很多精神食粮,可是我又不能消化它。于是我进修英文的思想又怦然欲动了。有朋友给我介绍一位老先生,每天可以教我半小时英文,我欣然地要聘请他。但家中人一致反对,说是八十岁学吹鼓手,来不及了。而且我的脑子也不够使的,不能再去消耗脑汁。我一松懈,这个计划就告吹了。于今还深引为憾。

这时,我读书有两个嗜好。一是考据一类的东西,一是历史。为了这两个嗜好的混合,我像苦修的和尚,发了愿心,要作一部《中国小说史》。要写这种书,不是在北平的几家大图书馆里,可以搜罗到材料的。自始中国小说的价值，就没有打入四部四库的范围。这要到那些民间野史和断简残编上去找。为此，我就得去多转旧书摊子。于是我只要有工夫就揣些钱在身上，东西南北城，四处去找破旧书店。北京是个文艺宝库，只要你肯下功夫，总不会白费力的。所以单就《水浒传》而论，我就收到了七八种不同的版本。例如百二十四回本的，胡适先生说，很少，几乎是海内孤本了，我在琉璃厂买到一部，后来又在安庆买到两部，可见民间的蓄藏，很深厚的呀。又如《封神演义》，只有日本帝国图书馆，有一部刻着许仲琳著。我在宣武门小市，收到一套朱本，也刻有金陵许仲琳著字样，可惜缺了第一本，要不然，找到了原序，那简直是一宝了。这一些发掘，鼓励我写小说史的精神不少。可惜遭到"九·一八"大祸,一切成了泡影。不过这对我加油一层,是很有收获的。吾衰矣,经济力量的惨落(我也不愿在纸上哭穷,只此一句为止),又不许可我买书,作《中国小说史》的愿心,只有抛弃。文坛上的巨墨,有的是,我只有退让贤能了,迟早有人会写出来的。

二十六　武侠小说的我见

人有所能,有所不能,写社会小说,就写社会小说,其实不必写以外的题材的。当年我写小说写得高兴的时候,哪一类的题材,我都愿意试试。类似伶人反串的行为,我写过几篇侦探小说,在《世界日报》的旬刊上发表,我是一时兴到之作,现在是连题目都忘记了。其次是我写过两篇武侠小说,最先一篇叫《剑胆琴心》，在北平的《新晨报》上发表的，后来《南京晚报》转载，改名《世外群龙传》。最后上海《金刚钻小报》拿去出版，又叫《剑胆琴心》了。

我写武侠小说，是偶然的反串，自不必走别人走的路子。所以这部《剑胆琴心》里，没有口吐白光，及飞剑斩人头之事。我找了些技击书籍，作为参考，全书写的是技击一类的事情。把我家传的那些口头故事，穿插在里面作了主干。当然，无论写得怎样奇怪，总不会像《封神榜》那样热闹。我又不甘示弱，于是就在奇禽异兽方面去找办法。如我描写蜀道之难，就插一段猿桥的描写。这是屡屡见于前人笔记的，而且也不违背科学。意识方面，我就抓着洪杨革命后的一点线索，把书里的技击家变为逸民。这自然比捕快捉飞贼,飞贼打捕快有意思。可是事后想来,那究竟近乎无聊。这里的叙述,怎样地就可能性上去描写,总难免架空。父老口头上的传说,那究竟是靠不住的。若说这里面也可以带些侠义精神的教育性,而这教育性,也透着落后。

我的见解如此,并不是说武侠小说不可写。若不可写,司马迁怎么也作《游侠列传》呢?但"侠以武犯禁",在汉以前就如此,汉以后的国粹游侠,是变了质的。一部分变成秘密结社,一部分变神道设教,再一部分变了升官发财的捷径。中国的游侠,诚然是和技击不可分。但游侠者流,不一定个个就有高明的技击。这种趋势,在明末清初的社会里,反映得很清楚。所以在清朝中叶,那时候的武侠小说,多少还有些真实性。到了火器盛行于国内以后，技击已无所用之，游侠者流，社会每个角落，诚然还是有，而靠他一点技击本领，已不能横行江湖了。所以真要写游侠小说的话，四川的袍哥，两淮的帮会，倒真有奇奇怪怪及可歌可泣的故事。但还是那话："侠以武犯禁"，非文人可以接触，纵然接触，也不敢写。

往年，日本人对于中国的帮会，也很有兴趣去研究，写出文字来，却都是隔靴搔痒之谈。在国人自己，就很少为这个出专书的。因为越知道详细，越不能下笔，怕得罪了人。若以圈子外的人去写小说，那是会让人家笑掉牙的。因之社会上真的游侠，没人会写，没人敢写。而写出来的，就全不是那回事了。

国人的武侠小说，既不敢触到秘密结社，

所以写得好,不是写神道设教的那些人,就是写升官发财的那些人。而这两路人,就全不是司马迁说的朱家、郭解者流。写得不好,我就也不必多说了。就以写得好而论,这在意识方面,也叫作者很难下笔。小说而忽略了意识,那是没有灵魂的东西,所以我对武侠小说的主张,兜了个圈子说回来,还是不超现实的社会小说。因此,我生平就只反串了两次,而这两次都决不成功。好在是反串,不成功也无所谓。倘若真有人能写一部社会里层的游侠小说,这范围必定牵涉得很广,不但涉及军事政治,并会涉及社会经济,这要写出来,定是石破天惊、惊世骇俗的大著作,岂但震撼文坛而已哉?我越想这事越伟大,只是谢以仆病未能。

另外,我有一部武侠小说,叫《中原豪侠

传》，那是后若干年，在《南京人报》发表的。故事是说晚清王天纵这类人物，那是河南朋友告诉我的。这书后在重庆出版。其实这已不是纯技击小说，而是一个故事的演化，顺便附带报告于此。

二十七　忙的苦恼

民国十九年至二十年间，这是我写作最忙的一个时期。其实我的家用，每月有三四百元也就够了，我也并不需要许多生活费，所以忙者，就是为了人情债。往往为了婉谢人家一次特约稿件，让人数月不快。所以我在可以凑付的情况下，总是给人家答应写。就以二十年开始说，当时，我给《世界日报》写完《金粉世家》，给晚报写《斯人记》，给世界书局写《满江红》和《别有天地》，给沈阳《新民报》写《黄金时代》，整理《金粉世家》旧稿，分给沈阳东三省民报转载。而朋友们的特约，还是接踵不断，又把《黄金时代》，改名为《似水流年》，让《旅行杂志》转载。我的慈母非常地心疼我，她老人家说我成了文字机器，应当减少工作。殊不知这已得罪了很多人，约不着我写稿的《南方小报》，骂得我一佛出世，二佛涅槃。

这样的忙法，有了一年，而北平《新晨报》又改组。主持人全是极好的熟友，没法子，我给写了一篇《水浒别传》。这书是我研究《水浒》后，一时高兴之作，写的是打渔杀家那段故事。文字也学《水浒》口气。这原是试试的性质，终于这篇《水浒别传》，有点成就，引着我在抗战期间，写了一篇六七十万字的《水浒新传》。后文再说。由这些事情类推，我的忙，是无法减少的。我曾自己再三打算，怎样可以躲去这些文债。始终找不到一个良策。不久，"九·一八"国难发作，新约才少见来。记得这一年中，人家问我情形怎么样，我的答复是苦忙，而这份苦忙，日本人都为之注意。记得某文人到日本，日本人正式问他，张恨水发表的写作为什么那样多？我知道，这可以让人家误会，我是一个唯利是图、粗制滥造的文人，但我为了少写，被人损骂的情形，有谁了解呢？

就文字批评我，我是始终乐于接受的。记得有一册前进的杂志，在某一期，由第一页至最后一页，几乎全是骂张恨水。朋友寄给我看了，我倒很钦佩，有些地方，骂得我是很对的，我正可以予以改进。像《论语》杂志上也挖苦我，我就一笑置之。我觉得他们并不比我前进着多少。至于那些小报，就骂得我啼笑皆非了。有人说，我的写作，全是假的，有一老儒代为执笔。也有人反问，这老儒为什么不出名，一切便宜张恨水呢？他们说另有秘密。也有人说，小说是我作的，但不是我写的。学了外国办法：张恨水说，别人写。这样代写的人，共有三位之多。更有人说，我写小说，是几个人合作，由我一个人出名，得钱瓜分。甚至还有人说，有一位女士代我写小说，她不便出名。张恨水本人，根本狗屁不通。我看到这些黄色记载，除了发笑，简直不能作一个字的辩白。总而言之一句话，就是合了那句俗言，"人怕出名猪怕肥"。

社会上名字老被人提着的,多是盛名难副,而我尤甚!我少应酬,卖剪刀又必写出"真正王麻子"不可,其必给小报添些材料,倒也似乎是理有固然了。

二十八　《新闻报》的续约

这里要回忆到我和《新闻报》的继续契约。在《啼笑因缘》登完以后，因事前的接洽，《新闻报》又登了一篇武侠小说。但这时的武侠小说，已经不大合乎上海人的口味了。所以不等那小说登完，独鹤就再三地写信给我，要我再写一篇，而且希望长一点的。我因为中国连年苦于内战，就写了一篇《太平花》。这小说的意识，在题目上，是可以看得出来的。但也有我的苦处，那时，我既住在北平，这里也脱离不了内战的圈子，下笔不能不慎重考虑。因此，我写的内容，地点，人名，时间，一齐给它一个含混不清，大概地说，就是前两年的事，地点是在黄河两岸吧？

二十九　《太平花》

这样，就不会触犯到谁了。故事是写人民流离之苦。而穿插着一段罗曼斯。不料写到了一半的时候，"九·一八"事变。这时，全国的人民，都叫喊着武装救国，我这篇小说是个非战之篇，大反民意，那怎么办呢？而《新闻报》的编者也同有所感，立刻写信给我，问何以善其后？我考虑着这只有两个办法。第一，书里的意识，一百八十度大转弯跟着说抗战。第二,干脆,把这篇腰斩了,另写一篇。考虑的结果,还是采取了第一个办法,说到书中主角,因外祸突然侵袭,大家感到同室操戈不对,一致言好御侮。陡然一个转变,自是费了很大的力气,而全书的故事,也不能不大为改变了。后来书作完了,自己从头到尾,审查过一遍,修订过一遍,居然言之成理,二十二年,也就出版了。抗战期间,后方也要出版,但到出版的日子,日本人又投降了。在日本人投降之后,我们还要提倡战争,也觉得不对。于是我又来了个第二次订正。三十四年,我到上海,将订正本交给书局,言明以后出版,以此为准,原版给它消灭了。《太平花》这部书,不是什么了不起的写作,但在这两度大改之下,也就可以看到"白云苍狗",人事是变幻得太厉害了。

三十 抗日的方向

"九·一八"国难来了,举国惶惶。我也自己想到,我应该作些什么呢?我是个书生,是个没有权的新闻记者。"百无一用是书生",唯有这个时代,表现得最明白。想来想去,各人站在各人的岗位上,尽其所能为罢,也就只有如此聊报国家于万一而已。因之,自《太平花》改作起,我开始写抗战小说。不过中日之战虽起,汪精卫这般人的口号,是一面抗战,一面交涉。所以,尽管忿愤不平,谁也不敢公然反抗日本,政府就不许呀。我所心响的御侮文字,也就吞吞吐吐,出尽了可怜相。

那时我在北平,在两个月工夫内,写了一部《热血之花》,主题是国人和海寇的搏斗,当然,海寇就指着日本了。另外,我出了一个小册子,叫《弯弓集》,都是些鼓吹抗战的文字。这个,我没有打算赚钱,分在上海、北平出版。这谈不上什么表现,只是说我写作的意识,又转变了个方向。由于这个方向,我写任何小说,都想带点抗御外侮的意识进去。例如我写《水浒别传》,我就写到梁山招安以后,北宋沦亡下去,但我不讳言,这些表现,都是很微渺的,不会有什么作用可言。仅仅说,我还不是一个没灵魂的人罢了。想不到这个,也引起日本人的注意,他们曾向在北平的张学良提过抗议,后来,我也终于离开了北平。

三十一 《东北四连长》

当我在《新闻报》写了一年小说之后,《申报》方面,就有人约我写小说。而我首先以忙婉谢了。后来有朋友告诉我,国内两大报的长篇,都归我一人包办,那自然是盛举,但也应当考虑到文坛上的反应,这是我早有同感的。我为人向来不拆烂污,而一切事情的开始,总有个考虑,既然如此,我就更不要写了。不过这里又牵涉到了友谊问题。上海编副刊的，号称一"鹃"一"鹤"，"鹤"是《新闻报》的严独鹤，"鹃"是《申报》的周瘦鹃。周先生是个极斯文的写作家，交朋友也非常的诚恳。他和我同年，在上海相见之后，非常的说得来。那时《申报》的"自由谈"，改载新文艺，鲁迅先生常化名在上面写散文，非常的叫座。"自由谈"原来地盘，改名"春秋"，还是周先生编。他以友谊的关系，一定要我写个长篇。他说，章回体小说，要通俗，又要稍微雅一点，更要不脱离时代，这个拿手的人，他实在不好找，希望我帮忙。我虽然自知够不上那三个条件，而瘦鹃的友谊，必须顾到，终于我给他写了一篇《东北四连长》。

这书名，很显然，就是说东北御侮的故事

了。我对军事，是个百分之二百的外行，怎能写起军中生活来呢？也是事有凑巧，我有一位学生，当过连长。他那时正在北平闲着，常到我家里来谈天。我除了在口头上和他问过许多军人生活而外，又叫他写一篇报告。我并答应给他相当的报酬。报酬他不要，报告却写了。我就以另一种方法，帮助了他的生活。在这情形下，有两三个月的合作，我于是知道了很多军中生活，就利用这些材料，写为抗日的文字。

我为什么写四个连长呢？我的意思，那时南京方面，正唱着一面交涉，一面抵抗，实在不能找出一位大人物来作小说主角。还是写下级干部的好。这样，也就避了为人宣传之嫌。这长篇登报一年多，并没有什么大漏洞。而这四位连长，我是写他们有三位在长城线外成仁的。多少也给大人先生一点讽刺。后来我在上海遇到电影界的王次龙,他说这不失为硬性的作品,他要编写电影。但以时局的日见严重,这文字却拿不出来。

胜利后,这书已经写过十年了。上海出版商人抄写了报上的稿子,寄我审查,要我出版。我自己看了一看,我有些失笑。因为经过八年的抗战,又经过世界二次大战,就根据我在书报上看的战事新闻而论,我当时描写得是太幼稚了。不过书中的个人故事,倒还可以利用。于是我把作战部分的描写,完全删掉,只着重故事的发展,结局我以人道主义去发作感慨。这不用说,对于整个宇宙里的战争,我是不赞同的。而这书归到日本人的侵略,逼出战事来,也不大违反原意,就是这样交了卷。书名也改了,利用了那仅传七字的一首诗,"杨柳青青莫上楼",题曰《杨柳青青》。这书前年已出版,大概到现在是三版了。

三十二 《啼笑因缘》的尾巴

二十二年春,长城之战起。我因为早已解除了《世界日报》的聘约,在北平无事(我在北平后十年来,除了《世界日报》的职务外,只作了《朝报》半年的总编辑,无关写作,所以未提)。为了全家就食,把家眷送到故乡安庆,我到上海去另找生活出路。而避开烽火,自然也是举室南迁的原因之一。

我立刻觉得这是另一世界，这里不但没有火药味，因为在租界上，一切是欢天喜地，个个莫愁。有些吃饱了饭，闲聊天的朋友，还大骂不抵抗主义。在这种过糜烂生活唱高调的洋场里，文字生涯，依然是宽绰的道路。而我到了上海的第一件事，就是出版业方面包围我，要我写《啼笑因缘续集》。

在我结束该书的时候，主角虽都没有大团圆，也没有完全告诉戏已终场，但在文字上是看得出来的。我写着每个人都让读者有点有余不尽之意，这正是一个处理适当的办法，我决没有续写下去的意思。可是上海方面，出版商人讲生意经，已经有好几种《啼笑因缘》的尾巴出现，尤其是一种《反啼笑因缘》，自始至终，将我那故事，整个地翻案。执笔的又全是南方人，根本没过过黄河。

写出的北平社会，真是也让人又啼又笑。许多朋友看不下去，而原来出版的书社，见大批后半截买卖，被别人抢了去，也分外的眼红。无论如何，非让我写一篇续集不可。我还是那句话，扭拗不过人情去，就以半月多的工夫，写了短短的一个续集。我把关寿峰父女，写成在关外作义勇军而殉难，写到沈凤喜疯癫得玉殒香消，而以樊家树、何丽娜一个野祭来结束全篇。我知道这是累赘，但还不至于拖泥带水。当然，在和我表示好感的朋友都说我不该续的。

三十三　二次加油

在上海住了半年多,安排了一个亭子间作书房,继续我一切没有写完的稿子,没有敢接受什么新契约,不过我于上海,倒有更多的认识。我以为上海几百万人,大多数是下面三部曲:想一切办法挣钱,享受,唱高调。因之,上海虽是可以找钱的地方,我却住不下去。二十二年夏季,我又回到了北平。

我四弟牧野,他是个画师。他曾邀集了一班志同道合的人,办了个美术学校。我不断地帮助一点经费,我是该校董事之一。后来大家索性选我作校长。我虽能画几笔,幼稚的程度,是和小学生描红模高明无多。我虽担任了校长,我并不教画,只教几点钟国文。另外就是跑路筹款。柴米油盐的琐事,我也是不管的。不过学校对我有一个极优厚的报酬,就是划了一座院落作校长室。事实上是给我作写作室。这房子是前清名人裕禄的私邸,花木深深,美轮美奂,而我的校长室,又是最精华的一部分,把这屋子作书房,那是太好了。于是我就住在学校里,两三天才回家一次。除了教书,什么意外的打扰都没有,我很能安心把小说写下去。

这一阶段,我给《新闻报》写完了《太平

花》，跟着写第三个长篇，是《现代青年》，旅行杂志的《似水流年》也写完了，改写作《秘密谷》。这书是抽象的，我说大别山里，还有个处女峰，峰下有个秘密谷，里面的人，还是古代衣冠，因为他们和外面社会，隔绝一个时代了。借着这些人，可以象征一些夜郎自大的士大夫。后来那个国王出来到南京，拉洋车死了。因为他不会干别的。这写法不怎么成功，可是这个手法，我变着写《八十一梦》了。同时，我在上海临走以前，接了《晨报》的契约，给他们写一篇以女伶为背景的小说，叫《欢喜冤家》。这时还继续地写。

在我未去上海以前，我还给《世界日报》写了个长篇，叫《第二皇后》。去上海以后，就中断了，回到北平，我也没有继续。这时我住在北平,北平倒没有特约稿。因此,有些人误认我很闲,又来找我写东西。

有两位《新晨报》的朋友,在《太原日报》服务,一定要我写个长篇,磋商数日之久,情不可却,我写了一篇《过渡时代》。这是说社会上新旧分子的矛盾现象,信手拈来,自己不觉得有什么成绩,只听到朋友说,还有趣而已。因为《南京日报》也要稿子,我就多抄了一份,两地发表,算是多完了一份人情。

这时,我虽忙,却不像二十年那样忙。借了学校的好环境,多看一点书。每当教授们教画的时候,我站在一旁偷看,学习点写意的笔法。并直接向老画师许翔阶先生请教,跟他学山水。这算是二次加油时代吧。

三十四　西北行

自"九·一八"以后,东北整个沦陷,国人鉴于国土日蹙,就有开发西北,以资补救的想法。西北自唐宋以来,日渐荒芜,于今是大片的成了不毛之地。想用西北的土地,来补救东北所失生产,那根本是不可能的事。西北无水,无森林,无矿产,无交通,一切都谈不上。但开发西北这个呼吁,究竟是不错的,便是东北没有沦陷,也该去开发。所以那个时候，很多人都想到西北去看看，以求得一个认识。我这时除了写作，没有固定的职业，倒是落得趁机一行，于是我就赶写好了约一个足够用的稿件，于二十三年五月十八日由北平到西北去。

我原来的计划，先到陕西，再到甘肃，由甘肃往新疆，回头经河套，由平绥路回平。预定的旅行日期是半年。我知道西北旅行，用不了多少钱，带了学校里一位工友，两个人共预备了一千五百元的川资。后来又打听得汇兑还十分方便，带多了钱，也不好，又减少了五百元。行程先是南下，坐平汉车到郑州。在郑州改坐陇海车到洛阳。本来由郑州可以直达潼关的，但这个历史名都，我总得看看。所以到洛阳游历了几天，才去潼关。当年，陇海路只通到潼关为止。在潼关住了几天，上了一趟华山，重回潼关，才坐汽车去西安。在西安住了将近半个月，然后坐汽车到兰州。在兰州的时候，我原是打算继续西行，因接到上海几封电报，劝我别去新疆。兰州朋友，也告诉我新疆的盛世才是不好惹的，去了不得回来，那可是个麻烦。而且由兰州到猩猩峡，猩猩峡到迪化①，路途遥远，交通工具也有问题。这样只好在兰州徘徊着，最后，依然搴了便车回西安。

这一次旅行，虽然没有完全符合我的愿望，但是我拜访了我们祖先的发祥地。在历史上，在儿童时代所读的经书上，许多不可解的事，都给我解答了。我的游历，向来是不着重

---

① 迪化：即今新疆首府乌鲁木齐。

游山、玩水。因为山水是静的东西，在历史过程中，除了大遭难，很少有变迁。唐宋人看了那山水，作下一篇游记，可能现在去看，还是那样，你再写一遍，也不见得有什么新鲜。何况那里的山水名胜，也不断地有人记载。我的游历，是要看动的，看活的，看和国计民生有关系的。我写出来，当然也是如此。这种见解，也许因为我是新闻记者的关系，新闻记者是不写静的、死的事物的。

在我去西北的时候，陕甘的军政当局，颇为注意，以为我去干什么？虽然有人说我是找小说材料来的。但很难引起人家的相信。因为很不容易遇到这种傻人而发这种傻劲。这我得感谢布衣主席邵力子。他原和我认识。在潼关，我托县长给我通了个长途电话，邵先生就答应用省政府的便车接我。到了西安,邵先生因坠马受伤,病榻边一度谈话,他非常地了解我。他对人说,张恨水是个书生。大概他暗示着部下,给我一点礼貌就够了。此外是尽量给我创作上的便利。而绥靖主任杨虎城也就这样办了。

在西安几天之后,各方面全明白我真是来找材料的,大批的碑帖,大部头的县志书,纷纷用专人送给我。还有那社会上的热心人士,跑到旅馆里和我长谈,把民间疾苦,向我和盘托出。其中有一位军官,愿意和我共坐一架战斗机去天水看看。坐战斗机这勇气我虽然还有,可是我考量我的身体,恐怕不行。只好婉谢。然而这证明一个人若为他的工作而努力,而没有其他企图的话,是很能引起人家的共鸣的。

因此，我由西安去兰州，就得着公路局的很大帮助，和总工程师同坐一辆轿车而去。这轿车是宋子文留在西安的，其舒适自不待言。连我同行的那位工友，也沾着很大的光，坐了公路局的工程车。要不然，西北公路的初期交通，是有让人难于忍受的艰苦的。

三十五　西北回来

在陕甘一度旅行，自然是得着关于历史的教训不少。但我更认识了中国老百姓真有苦的呀。陕甘人的苦，不是华南人所能想象，也不是华北、东北人所能想象，更切实一点地说，我所经过的那条路，可说大部分的同胞，还不够人类起码的生活。你不会听到说，全家找不出一片木料的人家；你不会听到说，炕上烧沙当被子盖；你不会听到说，十八岁的大姑娘没裤子穿；你不会听到说，一生只洗三次澡；你不会听到说，街上将饿死的人，旁人阻止拿点食物救他（因为这点救饥食物，只能延长片时的生命，反而增加将死者的痛苦），由民国初几年起，陕甘人民坠入了浩劫的深渊。十九年的旱灾和西安一年的围城，发生了人间不可以拟议的惨象。我到陕西的时候，浩劫已过两年多，而一切遗痕都在。人总是有人性的，这一些事实，引着我的思想，起了极大的变迁。文字是生活和思想的反映，所以在西北之行以后，我不讳言我的思想完全变了。文字自然也变了。

我为了要描写西北那些惨状，曾用一种倒叙法，将十九年的灾情写出。将一个逃难的女孩子为骨干,数年之间,来回两次西北,书名是《燕归来》。这书发表于《新闻报》,后在上海出版,天津也有人盗印。敌伪时代,曾拍电影,听说被日本人禁止。《燕归来》之外,我又写了一部同类的小说,叫《小西天》。这是用名剧《大饭店》的手法,以西安一个大旅店为背景,写着各阶层的人物。这书紧接着《东北四连长》发表于《申报》。

由西北回来,我自然是先回上海接洽稿件。但我有意找西北一个反照面,我也和阔人一样,立刻跑到庐山去避暑,在五千公尺的牯岭上,面对着那些夏屋渠渠的富贵山谷,我住了一个多月。不过这里材料虽多,我却没有勇气去写,写了谁给我出版呢?我只写了一篇轻松面的《如此江山》,在旅行杂志上发表,那是全以庐山风景为背景的。

对西北的印象,我毕生不能磨灭。每当人家嫌着粗茶淡饭的时候,我就告诉人家,陇东关西一带,人民吃莜麦的事实。莜麦是一种雀麦磨的粉,乡人只用陶器盛着,在马粪上烤干了吃,终年如此。不但没有小菜佐饭,连油盐都少见的。所以那里的东方人,盛传着老百姓过年吃一顿白面素饺子,活撑死人的故事。因此,我每每想着,我们生长在富庶之区,对生活实在该满足。

三十六　参加《立报》

二十三年秋季,我又回到了北平,还是住在美术学校。我继续写着上海几家报纸的小说。《晨报》的《欢喜冤家》完了,我换了个长篇《北雁南飞》。这书是清朝末年,一段不自由的婚姻。因为我觉得写当前的社会小说太多了。故意写个有历史性的。这一年的小说不太多,经常是四五篇在手边写。

约莫是一年工夫,北国的风云,时紧时松,我也有点感觉,北平终非乐土,又动了全家南迁之意。在二十四年秋天,成舍我君邀着一班朋友,在上海创立小报《立报》,约我南下,担任一个副刊编辑。他知道我不能久住上海,约以三个月为期,我也就答应了。

《立报》由事务人员到编采人员,可以说人才济济,那由于加入这公司的股东,都是老新闻记者的缘故,他们拉拢人才,自然是比较容易。我于十月间到上海,替《立报》编一个副刊,叫《花果山》,我并自写了一篇小说,叫《艺术之宫》。这个题材,是以模特为背景的。写一个守旧的女子,为家穷而去学校当模特。完全是以一个悲剧姿态出现的。自信和他人写模特不同。这书写完之后,好几个出版商要出版，竟因搜罗报上稿件不易，未能实现。

我在上海约期即满，正打算回来，一夜之间，接到北平去的两个急电，叮嘱缓归。那时，平津一带，迭次出事，冀东已出现伪政府。我知道事情不妙，就中止北行。过了几天，得着家信，说是日本人捉拿北平文化界人士，有张黑名单，区区竟也忝列榜尾。我根本已不留恋北平了，自然就不冒那险而北上。

三十七　办《南京人报》

我虽然讨厌上海,我的生活,却靠了在上海发表文字,要离开上海,而又不能离得到交通不便的地方去。于是我临时选择了个中止地点,南京。南京除了到上海很近,到故乡也很近,而尤其可以住下的,是朋友很多。

我在南京住下两三个月,除了写稿子,只是和朋友谈天。而我对于南京,又有个不好的印象,在很早以前,欧美人士,就预算出来了,一九三六年,将是世界大战年。当时德意日军事力量的疯狂发展,正吻合了这些预言。以南京首都①所在,人才荟萃,对于这个说法,应该有所感觉。可是南京士大夫阶级,很能保持"六朝金粉"的作风,看他们的憩嬉无事,不亚于上海,我又想走,但我向哪里去呢?国内找不着桃花源,而我又需要生活,正徘徊踌躇着,老友张友鸾君鼓励我在南京办一张小型报。不过他比我还穷,钱是拿不出来的,只能出力。这时,我私人积蓄,还有四五千元。原来的打算,是想在南京附郊,买点地,盖几间简陋的房子,住在乡下,钱是够了的,就因为我对南京已不

---

① 指国民时期的伪首都。

感兴趣,这计划没有实现。这时据友鸾的计划,在南京出一张小型报,一切印刷条件在内,开办费只需三千多元,我尽可拿得出来。我原来还是有点考虑,经友鸾多方的敦促,我见猎心喜就答应了。

经过两个月的筹备,我约共拿出了四千元,在中正路租下了两幢小洋楼(后来扩充为三幢),先后买了四部平版机,在《立报》铸了几副铅字,就开起张来,报名是《南京人报》。读者在报上或尚可看到"南京人报"消息,就是那家报,不过胜利以后[①],我为了和陈铭德先生北上办《新民报》北平版,我以最大的牺牲,报答八年抗战的友谊,把《南京人报》让给友鸾

---

① 指一九四五年抗日战争胜利以后。

去办了。现在的《南京人报》与我无关,附带一笔。

办《南京人报》,犹如我写《啼笑因缘》一样,震撼了一部分人士。这报在不足一百万人口的南京市,出版第一日,就销到一万五千份。我当然卖老命。张友鸾君和全部同人(我们那个报,叫"伙计报",根本没有老板),没有一个人不使出了吃乳的力气。我那时的思想,虽还达不到"新闻从业员的程度",可是全社的人,多少分一点钱,我却是白尽义务,依然靠卖稿为生。我并不是那样见利不取的人,因为有个奢望,希望报业发达了再分红。自己作诛心之论吧,乃是"欲取姑予"。不过"予"的数目很可笑罢了。除了印刷部是照其他报社一律待遇,总编辑才拿四十元一月的薪水,副社长支薪一百元,还编一个副刊,又写一篇小说。普通编采人员,月支二十元。请问,我怎忍心要钱?但这点与同人共甘苦的精神,把《南京人报》办得如火如荼,让许多人红眼。我并非卖瓜的说瓜甜,我这点经验,觉得还值得介绍出来,可见穷办报也未尝办不好。

我在《南京人报》,除了管理社务,自编一个副刊,叫《南华经》。自写两篇小说。一篇叫《鼓角声中》,写着受日本人威胁的北平。一部就是近乎武侠小说的《中原豪侠传》。我写这篇武侠小说,不讳言是生意经。我对武侠小说的见解,已如前文,所以这篇《中原豪侠传》,更写得近乎事实。而是以辛亥革命前夕,河南王天纵的故事,作影子。并请刘元先生每日插一幅图。出乎意料,这篇小说比《鼓角声中》还叫座,我倒是聊可自慰的。除了这些,我每日还自写许多散文,和一篇故事新闻,所以每日直到夜深三时才回家。我这种苦干,博得许多朋友帮忙。例如远在北平的张友渔兄,无条件地给我写社论。一度盛世强兄在北平给我打长途电话,也是义务。而张萍庐兄编了一年的《戏剧》,只拿了一个多月稿费,令我至今不忘。

三十八　被腰斩的一篇

我办报既然还靠稿费为生，写作自然是要加多。我统计一下，这时是《新闻报》写《燕归来》结束，改写《夜深沉》，《申报》《小西天》完了，改写《换巢鸾凤》，《晶报》有一篇《锦片前程》，登了两三年了，因为登得太少，还在写。《立报》继续着《艺术之宫》，无锡的《锡报》，快将《天上人间》的旧稿登完，也开始补写。南京除了《南京人报》两篇，还有《中央日报》的一篇。而《旅行杂志》一月一次的长稿，也短不了，这时我写着《平沪通车》。办报而外，这样多的长篇，我在四十之年，又发挥牛马精神，而作文字机器了。

提到在《中央日报》写稿，这倒有一段小插曲，开始，我是无意在《中央日报》写稿的，因为我不会党八股。那时总编辑周帮式，是《世界日报》老同事，再三地要我写，我就只好答应下一篇，为了适合人家的环境，我写的是太平天国逸事《天明寨》。那几年，我特别地喜欢看太平天国文献，所以有此一举。这书里说了许多天国故事，还很能引起读者的注意。写完了，《中央日报》又要我写，我就写了一篇义勇军的故事，以北平为背景，叫《风雪之夜》。大概也写了四五个月了,忽然周君给我来封信,说对我的稿子,"奉命停刊"。不客气地说:腰斩了。当时抗日有罪,是不算一回事的。

不过,这事也未完全过去。抗战期间,《中央日报》在重庆出版的时候,又有人拉我写稿,而且不止一年,不止一次。我当然没有求腰斩的洋瘾,只好微笑婉谢。

三十九　在南京苦撑的一页

《南京人报》办了一年多，终于大难来临，中日战事起了。八月十五日，日本飞机，空袭南京，立刻将南京带进了严重的圈子里去。一切的稿子都不能写了，但报却是要办。这个报，开始就是小本经营，自给自足的。这时，南京人跑空了，没有人看报，更没有广告，报社的开支，却必须照常。我身为社长，既是家无积蓄,又没有收入,那怎么办呢?让我先感谢印刷部全体工友,他们谅解我,只要几个维持费,薪工自行免了。甚至维持费发不出来也干。他们为了抗战而坚守岗位,不愿这"伙计报"先垮,而为"老板报"所窃笑。这实在难得之至!编采同人更不用说,除了几个胆小的逃去芜湖(后来又回来了),全体十之八九同人,拍拍颈脖子,"玩儿命,也把《南京人报》苦撑到底"。张恨水有这样的人缘,那还有什么话说,我就咬着牙齿,把《南京人报》办下去。这时,全部家眷,疏散到离城十几里的上新河去住。我在报社,由下午办理事务和照应版面,一直到次日红日东升,方才下乡。下乡之后,什么也不干,就是放倒头,补足这一夜睡眠。醒来之后,吃点东西,又赶快进城。这

"进城"两个字，在当日并非简单的事，每每行到半路途中，警报就来了。南京城郊，根本没有什么防空的设备，随便在树荫下，田坎下把身子一藏，就算是躲了警报了。飞机扔下的炸弹，高射炮射上去的炮弹，昂起头来，全可以看得清清楚楚，那种震耳的交响曲，自然也就不怎么好听。但身入其境的，是无法计较危险的，因为天天的情形都是如此，除非不进城，要进城就无法逃避这种危险。炸弹扔过，警报解除了，立刻就得飞快地奔到报社。其实这种危险，倒没什么痛苦，至多是一死而已。而到了报社，立刻把脑子分作两下来运用，一方面是怎样处理今晚上的稿件，一方面是明天社中的开支，计划从哪里找钱去？这个时候，不用说向朋友借钱有着莫大的困难，就是有钱存在银行里,也受着提款的限制,每日只能支取几十元。二十四小时,无时不在紧张恐慌中挣扎。这样的生活,是不容日久支撑维持的,不到一个月,我就病了。病得很重,主要的病症,是恶性疟疾,此外是胃病,关节炎。报社里的事,只好交给别人,我就在上新河卧病。虽然卧病,问题也不简单,自己的家眷和南下逃难的亲属,一家之中,集合到将近三十口人。不说生活负担,不是个病人所能忍受,而每当敌机来空袭的时候,共有十七八个孩子,这就让人感到彷徨无计。因之这一时期中,没有写作,也没有心去看书,几乎和三十年来的日常生活完全绝缘了。因为病,我是十一月初首先离开南京,到芜湖医院治病。病将好,南京也快陷落了。我和家眷在安庆会合,再避居故乡潜山县城。《南京人报》于十二月初,南京陷落的前四五日停刊。由我四弟负责收束。结束了我办报的一页。

四十　入川第一篇小说

我在二十六年十月底，离开了故乡潜山，由旱道到武昌，乘轮到汉口。因为《南京人报》在结束时期，借了朋友两千多元。并无借据。这位朋友，是迳向四川去了。为保持信用，我必须还这笔钱。四弟同意我这办法，把一部分机器、铅字，用木船载着，由南京溯江而上，最后的目的，也是重庆。这意思是或者在重庆复刊，或者卖了机器还债。我是债务人，自然得赶向重庆。后来就走的是第二条路。

二十七年一月十日，我到了重庆，去《新民报》在渝复刊之期，只有五日。同事张友鸾君，原早在《新民报》当过总编辑，这时是主笔，他建议陈铭德君，约我加入《新民报》。我根本无事可做，就答应了。但我和《新民报》合作，不自这时起，在前四五年，我写了以电影题材为故事的小说《旧时京华》，在《新民报》发表过，但未登完。二十五年，我也写了一篇《屠沽列传》，在《新民报》发表，这书是和《武汉日报》，成都另一家《新民报》，三家合载的，也因故未能登完。这该算是我们三度合作了。

那时，《新民报》是由一张对开报，改为小型四开的。倒有两个副刊。一个副刊叫《最后关头》,由我编,我并由社方的要求,写一篇小说,叫《疯狂》。为什么叫《疯狂》呢?在南京,在武汉,我看到有许多爱国有心,请缨无路的人,十分地感慨,觉得爱国也有包办之可能了。在汉口,我四弟叫我不必西上,机器丢了罢,回大别山打游击去。他说,在武汉有一部分同乡青年,有些主张,希望我年长一点,出来协助。我不但赞助,且非常兴奋,就写了个呈文给当时的第六部,请认可我们去这样办。我们不要钱,也不要枪弹,就是要第六部的认可,免得故乡人发生误会,然而被拒绝了。虽然我四弟终于打了一年的游击,那是另外找的一条路线。我对这事,非常地愤慨,觉得有爱国而发狂的存在,所以我就写了这篇小说。可是,重庆为战时首都,写文章不能那样随便,《疯狂》这篇小说,越写越胆小,到写完的时候,几乎变了质。书写完,发现完全违背了我的原意,连报上的陈稿,我也不愿剪集,更不用说是出版了。这是我抗战军兴后,第一次写作的失败。

四十一 《游击队》

在《疯狂》发表的期间,老友张慧剑兄,到了重庆。原还没有加入《新民报》,而是替《时事新报》编一版副刊。他非要我写一篇小说不可,我抽空写了个中篇,叫《冲锋》,是写日本人侵犯天津时的一段人民自卫故事。后来慧剑建议,可改名《天津卫》,以双关的意义来笼罩一切。这意思当然很好。不过这书在三十年（一九四一年）出版的时候，我得着许多游击队的消息，又鉴于大后方豪门的生活令人愤慨。于是我在书前后各加上了一段，将书名改为《巷战之夜》。我的小说单行本，恐怕要以这书和《银汉双星》是字数最少的了。

提到游击队，我曾另外写过几篇，计有发表于香港《立报》的《红花港》《潜山血》（此篇未写完）。《立煌晚报》的《前线的安徽，安徽的前线》，《申报》汉口版的《游击队》，这两篇也都没有写完。在《立煌晚报》发表的那篇小说，我完全以安徽人的关系，大半义务地写稿，并没有含着任何作用。可是安徽的统治者，认为这篇小说，夸张了游击队，那是和他们的政治作风不对的，也宣告了腰斩。写游击队有什么不对呢？我决不因未能写完而灰心。相反地,我更积极地搜罗材料。重庆也很有几位朋友,愿供给我这路材料。但终因这路材料太片断、太零碎,不能集合成书。这话现在可以公开,《新华日报》的资料室,就曾允许我任意索观有关文件。我很惭愧,我竟无以报命而写成一部书。其实这里面可歌可泣的故事是太多了。希望将来有人写一个宝贵的长篇。

四十二　抗战小说

我在重庆从二十八（一九三九年）到三十年（一九四一年），这是我生活最艰苦的一段，自己由重庆扛着平价米，带到十八公里的南温泉去度命。所以我还不能不努力写稿。那时，上海虽然沦为孤岛，《新闻报》还不曾落于汉奸之手，重庆到上海的航空信，可以由香港转。《新闻报》继续要我写稿，我就写完了《夜深沉》，又继续着写了一篇《秦淮世家》，这是以歌女为背景，而暗射着与汉奸厮拼的。最后，我就写《水浒新传》了。

《水浒新传》当时在上海很叫座。那完全吻合上海人"过屠门而大嚼，虽不得肉，聊以快意"的口味。书里写着水浒人物受了招安，跟随张叔夜和金人打仗。汴梁的陷落，他们一百零八人，大多数是战死了。尤其是时迁这路小兄弟，我着力地去写。我的意思，是以愧士大夫阶级。汪精卫和日本人对此书都非常地不满，但说的是宋代故事，他们也无可奈何。这书里的官职地名，我都有相当的考据。文字我也极力模仿老《水浒》，以免看过《水浒》的人说是不像。书写到四十多回，太平洋战起，上海已整个沦陷，我才停止寄稿。三十二年，我受书商之托，加上二十多回，完成了这部书。共六十多万字。抗战期间，这是我写的最长的一部了。

二十九年，我另写了一篇《大江东去》发表于香港。中间有日本屠杀南京人民的一段描写。三十一年（一九四二年）出版，这倒是销数较多的一部书。在大后方，仅次于《八十一梦》。这书在美国听说有节译本，发表在报上。报，我未见之，是朋友告诉我的。

四十三 《八十一梦》

《八十一梦》这部书,在大后方是销路最多的一部,延安也翻过版(《水浒新传》好像也翻过)。这书我不敢说是什么好作品,但在痛快两字上,当时是大家承认的。

在《疯狂》写得我无法完篇的时候,我觉得用平常的手法写小说,而又要替人民呼吁,那是不可能的事。因之,我使出了中国文人的老套,"寓言十九托之于梦"。这梦,也没有八十一个,这只写了十几个梦而已。何以只写十几个呢?我在原书楔子里交代过,说是原稿泼了油,被耗子吃掉了。既是梦,就不嫌荒唐,我就放开手来,将神仙鬼物,一齐写在书里。书中的主人翁,就是我。我做一个梦,写一个梦,各梦自成一段落,互不相涉,免了做社会小说那种硬性熔化许多故事于一炉的办法。这很偷巧,而看的人也很干脆地得一个印象。大概书里的《天堂之游》《我是孙悟空》几篇,最能引起读者的共鸣。书里我写着一个豪门,有一条路可通半空,给它添上个横额,《孔道通天》。朋友都说,这太明显了。又孙悟空和一位通天圣母斗法而失败,朋友也说这可能是个"漏子"。某君为此,接我到一个很好的居处,酒肉招待，劝了我一宿。最后，他问我是不是有意到贵州息烽①一带，去休息两年？我笑着也就只好答应"算了"两个字。于是《八十一梦》，写了一篇《回到了南京》，就此结束。

事过境迁，《八十一梦》，无可足称。倒是我写的那种手法，自信是另创一格。《新华日报》曾有几篇批评，谈到了小说的形式问题。

---

① 贵州息烽为国民党特务监狱。

四十四　生活材料

在抗战期间,大后方的文艺,也免不了一套抗战八股。这个问题,曾引起几次论战。当然,在抗战期间,一切是要求打败日本,文艺不应当离开抗战,这是对的。不过老是那一个公式,就很难引起人民的共鸣。文艺不一定要喊着打败日本,那些间接有助于胜利的问题,那些直接间接有害于抗战的表现,我们都应当说出来。当年大后方时常喊着"讳疾忌医"的这句成语,因此有些从事文艺工作的人,就不注重公式的抗战文艺了。

我向来看得我自己很渺小,没有把自己的作品,看着能发生多大的作用。严格地说,不但是我,一切从事文艺的人,应该有这个感想。从国民党执政以来,压根就没有重视过文艺,至多,录用几个御用的政论家,就算没有忽视文艺,一直到最近,他们的这个作风没有改。所以这二十多年来,文艺家为生活所苦,为思想束缚所苦,没有法子产生伟大的作品。像我这样车载斗量的文人,自是写不出有分量的东西。我也就变了那公式的文章写法,在此期间,除了给《旅行杂志》,写了一篇无关痛痒的《蜀道难》而外,我另辟了一条路线去找材料。计在

《新民报》发表的,有一篇极长的《牛马走》,和一篇二十多万字的《第二条路》(后在上海出版,改名《傲霜花》)。还有一篇二十多万字的《偶像》。接着《蜀道难》,给《旅行杂志》写了《负贩列传》(后来改名为《丹凤街》)。这里所写的人物,都是趋重于生活问题的,尤其《牛马走》《第二条路》和《负贩列传》。

抗战是全中国人谋求生存,但求每日的日子怎样度过,这又是前后方的人民所迫切感受的生活问题。没有眼前的生活,也就难于争取永久的生存了。有这么一个意识,所以我的小说是靠这边写。可是,当年在大后方的报纸杂志受检查,而书籍也是受检查的。我既靠写作为生,我决不能写好了东西而"登不出来"(当年《新华日报》被检的文字,以此四字作声明)。所以我虽然要写人民生活,只是在写作技术上兜圈子,并不能做什么有力的表现。

在三五年(一九四六年)间,我例外地写了一篇纯军事的小说,那就是《虎贲万岁》。我说过,对军事是百分之二百的外行,怎么写军事小说呢?在《虎贲》序文上,我交代得很清楚。乃是在常德作战的残余官长,有两个参谋,他要求我写的。他们无条件地借了许多作战文件给我看。同时,这两个参谋,并不断地到我茅居里来现身说法。这个要求,几乎有一年之久,我为他们的诚意所感动,就写了这篇小说,而直到抗战胜利以后才完卷。至于他们何以要这样做?他们说是对那战死的一师人,聊尽后死者的责任。我相信,这不是假话,因为他们并无所得,也无所求。我写战地里的一个伙夫,都是真姓名,而这两位参谋的姓名,为了避嫌,却不在其列,这是可以证明他们的态度的。

四十五　茅屋风光

我这里所说的生活材料，是眼见社会上一般人的生活，而不是我个人的生活。我个人的生活不会明显地反映到文字里去。但文字终究是生活的反映，人不经过某种生活，是不会写出某种文字的。

我觉得我自己没有生活上的一种艰苦的锻炼，就不会知道人家吃苦是什么滋味，自己也就体谅不到吃苦。天下尽有在咖啡座上可以谈农人辛苦的人,但是不论怎样地谈下去,决不能丝毫搔着痒处。我虽然没有历尽人世的艰幸,可是社会各阶层,我都有过亲切的接触,而我们身为知识分子,在战前很不容易得着的茅屋生活,我就过了七年。自信,这种环境,比我读了许多书的教训还要深切有益。这对于写作,不但有莫大的帮助,就是对于为人,也有了莫大的指示。这一点,倒不宜抛弃的,我写的是写作生涯回忆,既涉及写作,而又是生涯的事,我也不妨写一点。

因抗战而入川的人,像潮水一般地涌到了四川,涌到了重庆,重庆的房子立刻就成了不能解决的问题,加之二十八年夏季的日机大轰炸,将重庆的房子,炸去了十分之五六,让在重庆住鸽子笼的人,都纷纷地抢下了乡。乡下也是没有房子的,于是下乡的人,就以极少的价钱,建筑起国难房子来居住。这种国难房子,是用竹片夹着,黄泥涂砌,当了屋子的墙,将活木架着梁柱,把篾子扎了,在山上割些野草,盖着屋顶。七歪八倒,在田野里撑立起来,这就是避难之家了。这种房屋,重庆人叫作捆绑房子,讲的是全用竹篾捆扎,全屋不见一根铁钉。

我也有这样一所茅屋,但这茅屋不是我盖的。也不是我租的,是朋友送的。原来我住在一幢瓦房子里,有两间房,相当的干净,房东要发国难财,撵我们出去,要卖那房子。这房子后面有十间茅屋,除了出卖了四间,将六间租给了文艺协会。后来文协搬走了,房东是我的朋友,他让我搬了去,议定自修自住,不取房租。我也无需六间屋子之多,住了三间,又让了三间给一位穷教授。于是安居了好多年。除了我故乡那间老书房,这三间茅屋对我的写作生涯,是关系特深的。

在我的小品文集《山窗小品》里,对这茅屋是描写得很清楚的。简单言之,窗子外是走廊,走廊下是道干涸的山溪,上面架有木桥,直通走廊,木桥那头,是丛竹子。竹子后面,是赶集的石板路,石板路后面是大山。山上原来有树。而国民党的军队,来一回砍一回,砍来将柴卖给老百姓(我说这是一幕喜剧。我们窗子外的树,我们不敢动。人家砍了,还卖给我们拿了钱去。我们真是白痴呀)。这样山就光了。不过,下雨,溪里有洪水;出月,山上有虫声;下雾,眼前现出变幻的风景。这里还是很有趣的。

当然，这里却不会引起高人隐士之风。第一，在这个溪两旁，全是受难的公教人员，穷的教员，穷到自己浇粪种菜。大家见面，成日地谈着活不下去。第二，村子里也有极少数的投机商人，对我们的生活，很是一种刺激。第三，隔了面前这座山，就是孔公馆。孔公馆建筑在一座高山上，绿树葱茏，石磴上拔，环曲千级，四层立体式的洋楼，藏在一个树林的峰尖下。不说里面的布置，单是穿山的这一座防空洞，里面有无线电，有沙发，有电话，也就可知其阔绰了。这不过无数孔公馆之一，孔院长、孔夫人、孔二小姐，根本不来，只有几十个副官，在这里落寨为王，打家劫舍。这不但文艺人看了心里不平，所有的老百姓，都侧目而视。这一点，往往是引起了我写作的愤慨情绪的。我茅屋里夹壁上，自书了一副对联：

闭户自停千里足

隔山人起半闲堂

四十六 《上下古今谈》

我生平所写的散文,虽没有小说多。当我在重庆过五十岁,朋友替我估计,我编过副刊和新闻二十年,平均每日写五百字的散文,这累积数也是可观的。但我的散文,始终用"恨水"的笔名,而为社会所注意的,要算是在《新民报》的《上下古今谈》。当我写第一篇《上下古今谈》的时候,我曾说过,上至宇宙之大,下至苍蝇之微，我都愿意说一说。其实，这里所谓大小也者，我全是逃避现实的说法。在重庆新闻检查的时候，稍微有正确性的文字，除了"登不出来"，而写作的本人，安全是可虑的。我实在没有那以卵碰石的勇气，不过我谈了谈宇宙与苍蝇，这就无所谓。我利用了我生平读历史的所得，利用了我一点普通科学常识，社会上每有一个问题发生，我就在历史上找一件相近的事谈，或者找一件大自然的事物来比拟。例如说孔公馆，我们就可以谈谈贾似道的半闲堂；说夫人之流，我们可以谈杨贵妃；说到大贪污，我们可以说和珅；提到了重庆政治的污浊，我们可以说雾；提到狗坐飞机，我们可以说淮南王鸡犬升天。这样谈法，读者可以作个会心的微笑。但我并没有触犯到当前的人物。

当然，检查人物，他是看得出来的，有时也被扣除了。但很能因文字对表面上的"言之有物"，他们没有理由扣除。当政协初开的时候，我曾一时灵机触动，将清朝隆裕的退位诏书，删去不相干的段落，转录一道，作了《上下古今谈》。我并知道，最好不要参加自己的意见，所以文前只有很少的几句介绍话。这篇文字登出来了，在重庆竟是一个雷。有些作会心微笑的朋友，还转录到别的刊物上去，虽是许多朋友们为我捏一把汗。而《上下古今谈》，当时能被社会注意，就在这一点。后来很多人劝我出书，我说这虽是谈古事，实在是有时间性的，出书没多大意思，所以不曾出版。

《上下古今谈》，写了好几年，大概有一千多条，有百万字上下。除了很少数几十条是用文言写的而外,百分之九十几,全是白话。不过都像隆裕退位诏书那样引用恰到好处的,也并不多见。

四十七　散文

为了说到《上下古今谈》,可以顺便谈谈散文。远在北平《益世报》写小说的时候,我就担任过每日一篇的散文。不过《益世报》有宗教的关系,散文不好写。那个时候的散文全是文言,只是在语助词上兜圈子,除了运用子史格言,很难发挥什么意见。这样的散文,大概写了二三百条,完全是一个作风,那时,给《益世报》写社论的颜旨微君（此君早已去世），就很主张我继续写。但我都以词穷而婉谢了。至于我历年编写副刊，那都是每日为补白而作，虽写得很多，却不成格式，差什么，写什么，差多少，写多少，事后只有送进字纸篓。倒是在大后方，写了两个散文集。一个是《山窗小品》，一个是《水浒人物论赞》。《山窗小品》，就是我在那茅屋写的，写的全是眼前事物。《水浒人物论赞》，那是我搜集当年为《世界晚报》《南京人报》写的稿子，再补上若干篇成的书。关于前者，我走的是冲淡的路径，但意识方面，却不随着明清小品。关于后者，我对水浒人物，用我的意见，对那些人作一个新估价。不过这两部散文，全是文言的，和《上下古今谈》的作风，完全两样。

我本也无意出书，因为在重庆的出版家，要

求这样办,我就当古董卖了。

此外,我和国内刊物写的散文,三十年来,也不会太少。三十岁以前的作品,我自己都淡忘了。三十五岁以后,对散文我有两个主张,一是言之有物,也就是意识是正确的(自己看来如此),二是取径冲淡。小品文本来可分两条路径,一条是辛辣的,一条是冲淡的,正如词一样,一条路是豪放的,一条路是婉约的。对这两条路,并不能加以轩轾,只是看作者自己的喜好。有人说辛辣的好写,冲淡的难写,那也不尽然。辛辣的写不好,是一团茅草火,说完就完。冲淡的写不好,是一盆冷水,叫人尝不出滋味。

四十八　斗米千字运动

再说到抗战时候的写作生活。所有在大后方的文艺人，没有一个能例外，都是穷得买不起鞋袜的。有些人教书，有些人当不被重视的公务员，有些人干脆打流浪。我还好，兼作新闻记者，多少有些固定的收入。吃的是平价米，那是征买来的粮食（提到此，让人永远不能忘了四川人），分配各团体机关，再以极廉的价钱，配给薪水阶级人物，所谓平价是也。其实，谈到平价，等于白给。因此，米是古人所谓"脱粟"，仅仅是去了糠。沙子稗子谷子，总不下十分之一，我吃饭为挑去这些东西，时常戴起老花眼镜来，其苦是可知的。穿呢，由入川起，三个年头没缝一件小褂子。住，就是那茅屋了。行，这是比吃平价米还要头痛的事。重庆市是山城，无处不爬坡。马路也是在高低不平的山梁上建筑起来的。文艺人没有人能坐得起车轿，而且在重庆，也不忍心去坐车轿。石达开说的话，"万众梯山似病猿"，可以形容这一个轮廓。人力车夫拉上坡，头就和车把靠了地。轿夫上坡，气喘如牛，老远就可以听见。这样，只有挤公共汽车，城里的汽车，挤得窗户里冒出人来。下乡的汽车，甚至等一天，买不着那张汽车票。南温泉到市区十八公里，还要过一道长江。十次至少五次我是步行。为了争取抗战的胜利，并没有谁发出怨言。可是当我们到疏建区，看到阔人新盖的洋房，在马路上看到风驰电掣的阔人汽车，看到酒食馆子里，座上客常满，就会让人发生疑问：一样在"抗战司令台"畔，为什么这些人就不应该苦？这样，文艺人站在他自己的立场上，呼吁出改善生活来。

在民国二十九年以后，文字在大后方，开始有点出路了。除了报纸收买稿子，也有些刊物出现。写文章的人，所谓改善待遇，当然以提高稿费为唯一的目标。于是由在桂林的文艺人发出了呼吁，要千字斗米的稿费。若在战前，江南的米，不过是十元以下一担。小都市里，四五元就可买到一担米了。一斗米的价值，不上一元钱,这种要求,可说是极低。可是大后方的粮价,始终是涨得太凶的,在我们要求千字斗米的时候,重庆的米,已经超过了一百元一斗。不过川斗和普通市斗不同,它是三十二三斤一斗,一斗等于两市斗强。折合下来,一市斗米,也需六七十元。稿费怎么样呢?最高的稿费,没有超过十元。一下子要把稿费涨上去六七倍,这是不可能的。我还记得,在抗战胜利接近的前夕,重庆最好的纸烟华福牌,是每盒一千元,而打破纪录的特等稿费,也是每千字千元。那就是说写一千字,只好买盒纸烟吸吸而已,而这还是特等的,稀有的。自此以下,那就不必提了。因此,千字斗米运动,只是一句口号,决不曾实现,而文人也就为米焦碎了心。

四川很少麦粮,除了米,就是苞谷(玉蜀

黍)、红苕(红薯),及少数的高粱。而这些杂粮,只有乡下有,市上不大多见。所以当时的文人,都是为米而奔波。若是一个光杆文人,那还无所谓,在重庆还不难每日混到两顿饭。若是有家眷的文人,这就难了。我们在长途汽车边,在轮船码头上,常常可以看到一些穿破烂西服或中山服的人,身边带着一个米袋子,那就是公教人员带平价米回家。自然,这包括文人在内。这情形,谁出斗米买一千字呀?

米价越来越贵,千字斗米运动,终于成为泡影。那时,我也就死了那条卖文的心,除了和《新民报》写着固定的文字而外,把写稿子的工夫余下来,看看架上残余的几套破书,或者念"无师自通"的英文,或者画"无师自通"的画。再有剩余的时间,就是和邻居谈天了。抗战八年中,平均每天不能写到三千字,可说是工作比较轻松的时期。假如那时能办到千字斗米,或许我可以多写出几部小说来。

四十九　夜生活

过了黄昏摸黑坐，无灯无烛把窗开，等她明月上山来。

这是二十九年，我填的几阕浣溪沙的半阕，说的是无油点灯。当然有人说，何致于穷得买不起菜油点灯呢？那也所费有限啦。这是有原因的。南温泉镇市上，有时是缺油的，非点鱼烛不可（北平叫洋烛），一支鱼烛，等于一斤多菜油的钱，这算盘不能不打。煤油又是珍品，也没有煤油灯（到胜利前夕，有煤油灯了）。尤其是冬天，不要说是月亮，重庆为雾所弥漫，整月看不到太阳，那明亮的月光，有时临到山窗，那是让人苦闷的情绪为之一振的。不过天下事有一利就有一弊。在太平洋战争未发动以前，日本飞机，大批停在汉口，有空就会来袭重庆。月夜，是他们肆虐的好机会。因之有了月亮，又有躲警报的恐怖，我们总是在这矛盾的情绪下过着月夜。

若是没有月亮之夜呢（多数的时间是这样的），我们就在屋子里待着。三间屋，照例是两盏菜油灯。夏天，窗子开了，蚊虫，小蛾子，以及一切不知名的虫豸，像雨点向灯上乱扑，两条光腿，若不是坐在雾气腾腾的蚊烟下，就得拿着扇子手不停挥。冬天,四川是不需御寒的炉火的,破袜子单鞋,坐久了也冷。春秋良夜,可以对灯小坐了,而油碟子里两三根灯草所放出的光亮,照得屋子里黄澄澄的,人影也模糊着,看书实在是有损目力,写稿是更无此心情了。所以在四川八年的夜间,除了进城,住在报社里,有电灯还可以做点事。若在乡下,夏天是乘凉而早睡,冬天是煨被窝而早睡。写文章的人,多半喜欢过夜生活,在重庆乡下的文人,可以把这习惯扭转过来了。

五十　意外的救星

我的时间是这样地支配着,写得不多,而又无法多写,这生活是怎样地度下去呢?第一,报社里分的平价米,勉强够吃;第二,屋子不要钱(但是怕修理);第三,根本不作衣服,所欠的,也就是小菜和零用钱而已。在太平洋战争未发动以前,遥远地靠着上海转来的一点稿费,还在学校代过两年的钟点课,有时将报社的薪水前拉后扯，有时托朋友垫借几文，就这样穷对付着两三年。好在肉体上的艰苦，那是看在其次的事。我不幸住在这南温泉，乃是二陈的陈家寨所在，周围几十里，都是他们的教化圈子，精神上有一种莫名其妙的不舒服。而这种不舒服，日久也安之若素了，自然更不计较衣食的困苦。

天下事，也有飞来的福分。正在太平洋战争起，香港新加坡都为日本魔爪席卷而去以后，我竟有些意外的收入。那就是在上海所出版的我的写作，崭新的封面，由香港兜个圈子，到了重庆。这些书，有的是我已经卖了版权的，有的是版权没有分明的，有的是版权还保留着的。我本人现在重庆，这大批的心血结晶品在街头出卖，我不能熟视无睹。出版家也非常地明白,就自动地来找我,告诉我他们是由香港转进的。过去,他们对发表的报社,已纳过版税。现在到了重庆,不管我版权谁属,凡是在重庆出卖的书,都打算翻印,也都给我百分之二十(新著),或百分之三十六(旧著)的版税。我当然也不过问过去,就和出版家订了新约。由三十一年到三十四年,在后方出版和翻版的(世界书局翻版的不在内,因为那是我抽不到版税的),共有二十几种之多。每月所得的版税,可能超过我薪水十倍。于是我有钱做几件衣服穿了,也有钱买肉给小孩子吃了,而且还有些剩余。直到胜利回家,我都利用着这点版税作川资。

五十一　土纸书

我在后方出的书,有一个特别的标志,那就是纸张是极恶劣的。因为在四川被日寇封锁之下,外国报纸是不能进去。在四川所有的任何刊物,全是用土纸印刷。这类土纸,是用手工制造出来的,质量比江南所谓表信纸还要坏些,比北平的所谓豆纸,也高明无多。有个时期,北平有许多刊物,用片艳纸印刷,大家就都觉得不舒服。其实片艳纸还有一面是光滑的，而四川的土纸，两面都粗糙黄黑，不但印字不清楚，而且印料太薄，先印的一面往往是"力透纸背"。平常的一份报纸，传观几个人，向口袋里一揣，再拿出来，那报纸就成了一团糟了。印书的纸，虽然尽量挑那些好的，可是印出书来，不清楚和"力透纸背"的事，依然在所难免。所以在后方小说得推销出来，那实在也足以证明精神食粮的缺乏，而有饥不择食之嫌了。一个在车站上等时间的朋友，他拿着一张报，可以看三四遍的，甚至报上的广告，他也可能一字不漏地看下去。我们可以知道，不是那张报编得连广告都精彩非凡，而是那个等时间的人，需要精神食粮，以度过他那个枯燥无味的光阴。所以我想到，我一二十种著作，在后方以土纸印刷，都可以出几版，大后方的人需要书籍，是很可证明的。

中国的小说，还很难脱掉消闲的作用。除了极少数的作家，一篇之出，有他的用意。此外大多数的人，决不能打肿了脸装胖子，而能说他的小说，是能负得起文艺所给予的使命的。我承认那种土纸印的小说，尽管看得让人大伤目力，而读者还不过是消遣消遣。问题就在这里，我们是否愿意以供人消遣为己足？是否看到看小说消遣还是普遍的现象，而不以印刷恶劣失掉作用？对于此，作小说的人，如能有所领悟，他就利用这个机会，以尽他应尽的天职。

这些土纸书，在胜利以后，也有人带到上海和北平来，大家看了，都摇头不止，不相信这种书可以卖钱。我这里就得附带一笔，有几部书,印刷也不坏,一来是带了上海的纸型,入川翻版,二来纸张也是好些的。

五十二　榨出来的油

现在我可以记一笔账,在抗战以后,在大后方完成和未完成的小说,是以下这些。《疯狂》,约五六十万字。《八十一梦》,约十七八万字。《牛马走》,约百万字。《第二条路》,约三十万字。《偶像》,约二十万字。以上发表于《新民报》渝蓉两版。《巷战之夜》,发表于重庆《时事新报》。《夜深沉》《秦淮世家》，各约三十万字。《水浒新传》，约六十万字。以上在上海《新闻报》发表。《红花港》，约二十万字，《潜山血》（未完），发表于香港《立报》。《大江东去》，约二十万字，发表于香港《国民日报》。《游击队》，发表于汉口版《申报》（未完）。《前线的安徽，安徽的前线》，发表于安徽《皖报》（未完）。《雁来红》，发表于《昆明晚报》（未完）。《虎贲万岁》，约四十万字，未在报上发表，由上海百新书店出书。《蜀道难》，约六万字，《负贩列传》（《丹凤街》），约二十万字，发表于《旅行杂志》。补足一部书，《中原豪侠传》，约三十万字。改掉一部书，《太平花》，约三十余万字。补足一集散文，《水浒人物论赞》，约五万字。写成一集散文，《山窗小品》，约六万字。此外，各种散文，八年来，约写一百四五十万字。

八年的年月，不算短暂，平均每日能写三千字的话，就当有八百多万字的作品。根据上面那些账，大概相去也不会太远。在生活安定的日子，文人可以去安心写作，这实在不算多。可是回想到那八年所度过的生活，就没有能写出这些文字的理由。当然，诗以穷而后工，这话还不能完全否定。但我作的不是成行的诗，而是连篇累牍的小说和散文。尽管不工，以量来说，以日计之，那是太平凡了。很多文人，伏在桌上，一口气就可以写三千字。而把八年的总和来计算一下，自己倒要反问自己，我怎么会写出这些字来？

我还记得两个故事。一个故事，是日本敌机

群,八天八夜,对重庆作疲劳轰炸的时候,我在一座天然洞子外的竹林下,睡了三天三晚。白天怪心烦的,看上两页书,但并没有几个字,印到脑子里去,而嗡嗡然的机群声,又在远处云天脚下发生了。输入都不能够,还谈得上什么输出?又一个故事,茅草屋顶,被风吹去了,成了个小天井,仰在竹板床上,可以吟那句《卧看牛郎织女星》的诗。这"烟士披里纯"①并不怎么好。大雨来了,这屋顶天井,几条很长的水柱,向屋子里斟着天然水,地面就成了河渠。我吃饭写字的那间屋子,就在隔壁,雨点向桌上飘,文具全为之打湿。躲向屋里一张小方桌上写字,倒是躲开了水灾。而四川乡下那种小黑蚊,小得肉眼看不

---

① 英语,即灵感的意思。

见，这时全涌进了屋子。半小时之后，不但两腿奇痒难受，而且起疱子后，还相当的痛。这怎么能安心地写稿呢？

可是在这两个故事过去之后，我立刻就得写。不写怎么活下去？我自己对自己的稿子，笑着下了一个批评，就是榨出来的油。

五十三　胜利后的作品

自从"九·一八"以后，脑力劳动，就没有得着水平以上的待遇。抗战八年中，这辈人是更苦。日本人的无条件投降消息传来了，大家都唱着杜甫"白日放歌须纵酒，青春作伴好还乡"的闻捷诗，我也是被这天上掉下来的胜利，冲昏了脑瓜。把写作生涯，暂时告一段落，预备东归以后，在半村半廓的地方，盖三间小屋，读书种菜,卖文课子,带着一群孩子们,实行我的口号,就是"出自己的汗,吃自己的饭"。东归计划,除了回乡探亲一省七旬老母,不曾变更而外,其余是全推翻了。我还是住在都市里,我还是当一名新闻从业员。

在胜利以后,币制是一直紊乱,物价是一直狂涨,对于国民党的金融政策,谁也不敢寄予以丝毫的信用。这样,自由职业者,就非常的痛苦,尤其是按字卖文的人,手足无所措。因为卖文的人,都是把稿子寄出去,一月之后,才能接到稿费的。可是这就是个无比的吃亏。月初,约好了每千字的稿费,也许可以买个两三斤米。到了下月初接到稿费的时候,半斤米都买不着了。有些收买稿子的报社和杂志社,体恤文人,也有半月一结账的,也有预付一部分稿费的，但这都不能挽救文字跟着"法币"贬值的命运。物价的跌跃，每月加百分之百以上，那是常事。稿费根本不能按月调整，就是按月调整，也不能一加就是百分之几百。所以对任何收买稿件的人，订好了稿约，总维持不了两个月。到了后来，几乎寄一次稿子，就必须商量一次稿费。多数人如此，我也是这样。这种趋势，让写稿的人和收稿的人，都感到一种"过分的无聊"。既然无聊，这卖文生活，又何必去继续呢？

在这种情形下，胜利后的两年间，我试了一试卖文的生活，就戛然中止。所幸除了《新民报》经理职务的薪水而外，上海两三家书店的版税，依然是超过薪水的几倍收入，我不出卖稿子，也还不至于影响到生活。所以这其间，我只给《新民报》写了个长篇《巴山夜雨》，又给上海《新闻报》写了个长篇《纸醉金迷》，如此而已。这两部书，都是以重庆为背景的，在别人看来，不知作何感想，至少我自己是作了一个深刻的纪念。《巴山夜雨》在我收束之下，还没有把稿子重订，而时局已经变化了，只有将来再说。《纸醉金迷》在没有完篇的时候，已经被电影公司拿去作题材，上两个月，由我把上半部故事，编了一个剧本。这两年来，稿费的收入，可说是比抗战期间，无以加之。

到了民国三十六年，纸价已经贵得和布价相平了。上海的书商，有了纸张在手，宁可囤纸，也不印书，因之我在上海出版的二三十种书，全不再版。出版家虽也陆续地寄给我一些版税，较之三十五年，已不成其为比例。其初，我以为纸张的昂贵，影响到书的出版，这是暂时的现象，还忍耐地等待着，后来一月不如一月，我把版税当养老金的算盘，暂时就得搁上一搁，于是把那老话再拿出来，对家庭用度，要"开源节流"。"节流"除了吃的以外，一切以不办为宗旨，而"开源"只有多写文章出卖了。好在找我写稿子的人，倒是机会不断的。于是我又先后写了三个长篇：《一路福星》《马后桃花》《岁寒三友》。但这三篇小说，都因稿费的商榷，不能得着一个合理的解决，都没有写完。最后有《雨霖铃》和《玉交枝》两篇，都是因交通中断而停止的。

为了交通关系，我也觉得向外寄稿，写长篇是不大好的，我很想改变作风，多写中篇。所以这两年以来，我很写了几个中篇，如《雾中花》《人迹板桥霜》，及最近写的《开门雪尚飘》。

这一试验,并没有失败,将来,也许我常走这条路。①

---

① 此间尚有《五子登科》长篇,连载北平《新民报》,未完。一九五六年续完,出单行本。中篇《步步高升》,连载同报。

五十四　伪书

由我写那篇不知名的小说提起,直到上节为止,关于我的小说,可以作个总账交代了。这仿佛是篇流水账,无情趣可言。但要详细地知道我三十多年的写作,不能不这样的报告。现在在总账以外,对写作生涯有关的,我摘要的要找几件事说一说。第一件,便是张恨水伪书了。

民国三十二年，舒舍予的夫人到了重庆，因老舍兄的介绍，我们认识了。舒夫人是由北平到后方去的。见了面，不免谈起了一些北平的别后风光。舒夫人说了几件事之后，就提到我的小说，在华北，在伪满洲国出版的太多。她又笑说："您不用惊讶，那全是假的，看过张恨水著作的人，一翻书就知道，那笔路太不一样了。"我当时相信事或有之，而伪书不会太多，及至我到了北平，据朋友告诉我的，和我在伪书底页上所看的广告，统计一下，实在让我大大地吃了一惊，这种书约有四十几部之多。这些作伪书的先生们，太和我捧场了，自己费尽了脑汁，作出书来，却写了张恨水的名字，这不太冤吗？不过一看了书的内容，甚至一看书的名字，就知道太冤的是张恨水，而不是作伪书者。

记得这些书里,有一部叫《我一生的事情》。张恨水一生的事情,由张恨水自己写出来,这实在是不折不扣的黄色小说。喜欢低级趣味的人也好,好奇的人也好,怀疑的人也好,还有替我爱惜羽毛的人也好,少不得要买上一本看看。而作伪书者其计得就矣。我不知道这书里,把我糟踏成个什么人物,以这种手段和张恨水作伪书,那不仅仅是骗读者的钱,对张恨水是恶意的侮辱,乃是无疑问的。记得我当《新民报》经理的时候,经理室的工友,就拿了一本张恨水作的肉感小说在看。同事拿来给我过目,我除了向工友解释,请他别看而外,我就难过了两天。可是我没法子把市场上这些伪书烧了,除了听其自生自灭,实无第二良策。

凡是彻头彻尾的伪书,究竟难逃读者之

眼，我相信它是会消灭的，至少是三四年以来，已不再版了。所难堪者，却是半伪书。怎么叫半伪书呢？就是把我的书，给它删改了，或给它割裂了，却还用我的名字，承认不是，不承认也不是，这都叫人啼笑皆非。例如我在《晶报》上发表的《锦片前程》，我是没有写完的，上海就有一家书店给它出了版。除了改名为《胭脂泪》而外（改书的人，可能不懂《锦片前程》是什么意思），加了许多文字进去，而且把书足成。众所周知，我一贯主张，写章回小说，向通俗路上走，决不写出人家看不懂的文字。而这位改写的人，就用的是空洞堆砌的美丽长句，时而通俗，时而高雅，这成何话说？又我写的《春明新史》，是用回目老套，也有人改了，改名为《京尘影事》①，一回分为两回，一个回目管一回，把书分成两集。这样一来，章法太乱，不但文不对题，甚至下文不接上文，简直一团糟。俗言道得好："文章是自己的好。"我不敢说我的文章好，但我决不承认我的文章下流。七八年来，伪满洲国和华北、华东沦陷区，却让我尊姓大名下流了一个长时期，我想，社会上许多我的神交，一定为我太悬久矣！

我初回到北平的时候，有人问我："你在重庆开了豆浆店吗？"我说："何以见得？"他说："日本人的报上，这样登的。"我笑说："这是抬举我，我在重庆过的日子，远不如开豆浆店的老板。"牛角沱和海棠溪，有几家豆浆

---

① 半伪书《京尘影事》，应是篡改的《斯人记》，而不是《春明新史》。

店，早上的生意之好，那还了得？我若能在重庆开八年豆浆店，我真发财了。但日本人原意，决不是抬举我，这和作伪书的人自己费笔墨，替张恨水出名，其用意是一样的。

五十五　我死了

提起我开过豆浆店的笑话，就联想到日本人传说我死了！这也很有趣。事情是这样的。大概是民国三十年秋夏之间，乡居无事，又不免发点牢骚，作了若干首村居杂诗。其中有一首这样说：

茅草垂檐漾晚风，蓬窗斜卧一衰翁。

弥留客里无多语,埋我青山墓向东。

这当然说的是另外一个衰翁(当时,我才四十几岁,既不衰,也非翁)。假如衰翁是我,我死了,怎么还能作出这么一首诗呢?除非是我死了又返魂,或者是有人扶乩,我降坛作诗。不然,这话是说不通的。然而,这些村居杂诗,香港的报纸转载了,沦陷区的各处报纸,再转载了。日本人就神经过敏的,在我诗的后面,加上按语,说我死了,这是我的绝笔,意思就说:中国的文人啦,你们别抗战,抗战就同张恨水一样,饿死于重庆。

当今之时,文人发牢骚,实在也当考虑。记得我在重庆作的一些打油诗或歪诗,凡是悲叹生活艰苦的,只要是登了报,不用多久,日本人报纸，就转载了。他决不是捧场，而是反宣传。记得某老悲痛他大小姐之夭折，以新四军之被解散，也曾吃过一瓶"奎宁丸"①，这很给当时重庆文艺界一个刺激。报纸上不免宣传一番。而这事辗转到了日本人报上，就是加倍地渲染，也作了很热闹的反宣传。所以在这些关节上，文人下笔，倒是不可不慎的。

① 奎宁是治疟疾特效药，产自热带，日本经济封锁，重庆难得此药，新四军曾赠某老一瓶。后病复发，无药以治。

五十六　故事的利用

小说就是小说，并不是历史，我已经说过了。但例外地将整个故事拿来描写，这事也不能说绝无。若以我从事写作三十年而论，这样的事情也有两回。

第一回，我替《申报》"春秋"写的《换巢鸾凤》，就是有故事的，而且是受朋友之托的。在一个秋天，苏州的一位朋友，请我由上海到苏州去看菊花,并介绍许多苏州文人和我见面。我是个忙人,不能有此雅兴。不过那位朋友郑而重之地写了封信给我,叫我务必去一天。意思并不光是要我去雅叙一番。我就只好坐快车去了。朋友是亲自在公园的菊花会上,把我接到他家,他家也小有花圃,畅叙之后,他把我引到内书房,拿了他私人的许多秘密文件给我看,他说这是他生平一件伤心事,在过渡时代,他和另一个女子为旧礼教牺牲了。这事虽已过去二十多年,但这心灵上的伤痕,却是不可磨灭。他希望我运用这个故事,作个反封建的长篇小说。我当时曾笑说:"你何不自己写呢?"他说,那会犯主观的毛病,会把主角写成两位圣人。我倒是赞成他的话,我就答应了下来,写了这部《换巢鸾凤》。可惜这书没有写成功，中日战起，就中止了。

另外一件事，就是写《虎贲万岁》，这已经交代明白了，不再赘述。不过《换巢鸾凤》和《虎贲万岁》不同。后者，我根据了参考文件，真名真姓真时间真地点，我都给他写出来了。前者却把这些都换了，只留下了那类似悲剧的故事。此外，有一半运用故事，一半是抽象的，那就是《欢喜冤家》和《大江东去》。《欢喜冤家》是间接地传来一个故事，那是可以反映出女伶的生活的痛苦的，这是个社会问题。《大江东去》呢，一半是人家传说的事，一半却是主角自己叙述他亲身的遭遇，也是抗战中一个社会问题。因此，两个故事都是生成的小说题材，我自然不会放过这种题材的，所以我都把它写成了。

底稿·尾声

　　文人写文的习惯不同,所用的工具,也各有不同。在胜利以前,我写散文,还不用钢笔,因为我写成了习惯,用毛笔并不比钢笔慢。但去年利用了报社里的破纸头印了稿子纸,因为比普通纸厚得多,我就试用自来水笔,结果,比毛笔快些,我就改用了钢笔。但我向外寄的小说稿,二十多年来如一日,我总是用铅笔和复写纸。这样，寄出去的稿子，挑选那清楚的一份，而留下那较为模糊的，作为底稿，以便自己参考。我并没有估计到，在文字登过报或印过书以后，这底稿还会有多大的用处。到了三十六年（一九四七年），我发现底稿有用了。在四川江津的中央图书馆，曾写了两封信给我，问我写的作品，有多少底稿。他们希望我把这底稿捐赠给图书馆。但是在战前我写的底稿，早是片纸不存了。在四川写的底稿，虽然有，却是拿不出去。它是类似竹纸的夹江薄纸复写的。复写纸印出的一张，比较清楚，我都交出去了。留下来的是浮面铅笔写的一张，只有些清淡的铅笔影子，而且有些纸已经划破了。我只好函复江津图书馆无以应命。后来，我写《虎贲万岁》，因为不是寄给报馆的，就用毛笔写，全书完工，誊录了一份，拿去印书，自己保留着原稿。这要算是生平写作中最完备的一份底稿了。

写到这里，关于我的写作生涯，仅仅是直接和文字牵扯，我都已略略谈到。若要再详细地写，再写这么多的文字，未必可以谈完，我想适可而止，就此打住罢。零零碎碎写到现在，我也是粗分个大纲，想到就写，何者是读者所愿意知道的，何者是读者所不喜欢的，我不能知道。但我相信，这篇写出以后，对于爱好我小说的读者，总可以加进一层认识的，在我自己而言，应该不会是白写。其余的只好作覆瓿之用了。